経営戦略と経済安保リスク

國分俊史

日本経済新聞出版

まえがき

「冷戦を長期化させる戦略」。本書はこのグランドストラテジー（大戦略）を実現するために、必要とされる企業経営の在り方について論じることを試みた。また、各国の経済安全保障政策に準拠し、米中でのビジネスを継続するために、対応が必要な論点を提示した。

米中冷戦は米ソ冷戦と異なり、経済の結びつきが強いなかで生じた。そのため、新たな安全保障政策の構想が形をなすまで、長期にわたって試行錯誤が続くはずだ。米ソ冷戦の経験の焼き直しは通用せず、対ソで描かれた「封じ込め」のような対中外交の大戦略は、まだ米国でも描かれていない。

米国の安全保障政策の専門家と議論してきた経験から確実に言えることは、対中政策における企業経営の在り方は、まだ誰も論じていないということだ。

バイデン政権では、米国で最もエコノミック・ステイトクラフト（以下ＥＳ）を研究してきた新アメリカ安全保障センター（以下ＣＮＡＳ）から、多くのメンバーが国家安全保障局やインテリジェンス機関の重要なポジションに就任した。筆者が議論してきたメンバーも経済制裁担当に就任しており、ＣＮＡＳで構想されていた政策が、早くも実行に移されている気配が垣間見える。

ＥＳは、外国が繰り出す特定の政策に対し、国家全体ではなく、その政策に影響力を及ぼす関係者に限定し、多様な経済制裁を発動する手法である。ＣＮＡＳはトランプ政権下でも、よりスマートなＥＳの研究をしてきた。だが、企業経営の在り方にまでは議論が及ばないまま、政権交代によって政策実行を担った。

経営の先端トピックスを解説する『ハーバード・ビジネス・レビュー』の論文を見ても、経営と安全保障の結節点を初めて取り上げたのが２０２０年２月号の「Choke Points」。１年半後の２０２１年8月号に、ようやく二本目の論文である「The Strategic Challenges of Decoupling」が掲載された。その中身はいずれも、グローバル企業が国際政治の武器として利用されるリスクと、米中デカップリングが進行する未来への備えを促す内容にとどまっている。

こうした理由から、本書は参考材料となる先行研究がないなかで、政策から想定される経営へのインパクトを描く新たな経営の在り方を探るものとなった。前著『エコノミック・ステイトクラフト　経済安全保障の戦い』（日本経済新聞出版）で解説した各国の経済安全保障政策と、バイデン政権発足後の米国政府の動向を踏まえ、旧来のＭＢＡ的なアプローチでは対応できない課題を想起し、求められる新たな経営の在り方を大胆に描いてみている。

多くの企業が米中冷戦によって米中どちらかの市場を選ぶ踏み絵を迫られていると捉えているが、それは大きな誤りだ。まず日本企業の経営者に求められるのは、「米国か中国か」という単に市場を選択することではなく、各国の経済安全保障政策に正確に従うことと理解すべきだ。

　本書の執筆に当たっては、経済安全保障を担当する日本のインテリジェンス機関への支援経験を踏まえ、今後不可欠となる、日本企業のインテリジェンス機関との連携を、より建設的な関係にしていく視点も強く意識した。欧米諸国ではインテリジェンス機関と企業の連携がより緊密化し始めている。両者の連携が、30年は続くであろう米中冷戦下での企業競争力を大きく左右する要因となることが確実な情勢だ。

　また、本書は経済安全保障を、経営戦略、研究開発、組織風土文化、経営管理、財務戦略、リスクマネジメント、ガバナンス、人事管理、サプライチェーン、情報システムという経営機能の視点から論点整理している。

　なぜこの章にこの論点が記載されているのかと驚くかもしれないが、この数年間、多くの企業の経営陣と議論して、本来責任を有する担当部門ではない方が、問題に気づいていない部門への牽制力を高められると判断したことが理由だ。

　選択した論点も、筆者が日本および世界のシンクタンクやインテリジェンス機関と議論しているなかで感じた重要なものだけを抽出しているため、すべてを網羅しているわけではないことをあらかじめ申し上げておく。この執筆期間中も、新たな論点が次々に生まれてきたことを踏まえると、冷戦期間中にすべての論点を網羅することなど、そもそも不可能と断じるべきだろう。また、紙幅の都合上、記載し切れていない、まだ水面下で進められている議論があることも、あらかじめ申し添えておきたい。

最後に、本書を世に出させて頂くうえで、大きな励みとなった一橋大学名誉教授である野中郁次郎先生に、心から感謝を申し上げたい。野中先生には前著『エコノミック・ステイトクラフト　経済安全保障の戦い』にご関心をお持ち頂き、経営の観点から論じる勇気を与えて頂いた。また、経済安全保障に取り組まれている日本のインテリジェンス機関の方々には、本書が少しでも日本企業の意識改革に貢献し、世界水準の健全な連携状態に近づければ幸いである。

目次

第2章 研究開発の変身——社会課題を引き起こす

第3章　組織風土文化の改革——民主主義と権威主義に向き合う経営

第4章　経営管理の進化——30年経営・チャイナサイクル・脱GDP

第7章 ガバナンスの狙い——社内デカップリングと経済安全保障委員会

第10章 情報システム対策――信頼獲得の闘い

装丁・野網雄太

第1章

経営戦略の目標

冷戦の長期化

1　冷戦を長期化させるという大戦略

米中冷戦は30年以上続くだろうと聞くと、多くの企業人は「不穏な時代がそんなに続くのか……」と怪訝な顔をする。今の50歳以上の経営幹部の多くは、映画「13デイズ」を鑑賞した経験があり、そこで描かれた米ソ核戦争危機の緊迫した13日間が想起されるからだろう。しかし、冷戦が長期化する方が、日本にとって、世界にとって有益であるという考え方の有効性に人々は気づいていない。冷戦が実際の戦争である熱戦にならない状態こそが平和な状況であるという理解に乏しいのだ。

戦争リスクは急激に力の均衡が崩れる時に高まる。台頭する新しい現実への準備が紛争当事国のみならず、その周辺国にもできていない状態で勢力均衡が大きく崩れると、新たな秩序が台頭するまでの間に混乱が生じ、これを機に現状変更を仕掛けようとする勢力の動きが活発になるからだ。

冷戦を引き起こさない努力と、起きてしまってからの努力では、力の投じどころがまったく違うことを、我々は理解しなければならない。米中冷戦が起きないことを願ってきた人々は、起きてしまった状態に対して早く蓋をし、鎮静化したいという思いに駆られて早期決着を望みがちだ。しかし、それこそが緊張を急激に高めて最悪の結果を招く。米国政府がトランプ政権

【図表1】急激な勢力均衡を回避する「冷戦の長期化」を実現するために、日本企業は冷戦の長期化に貢献するように経営戦略をリンクさせていくべき

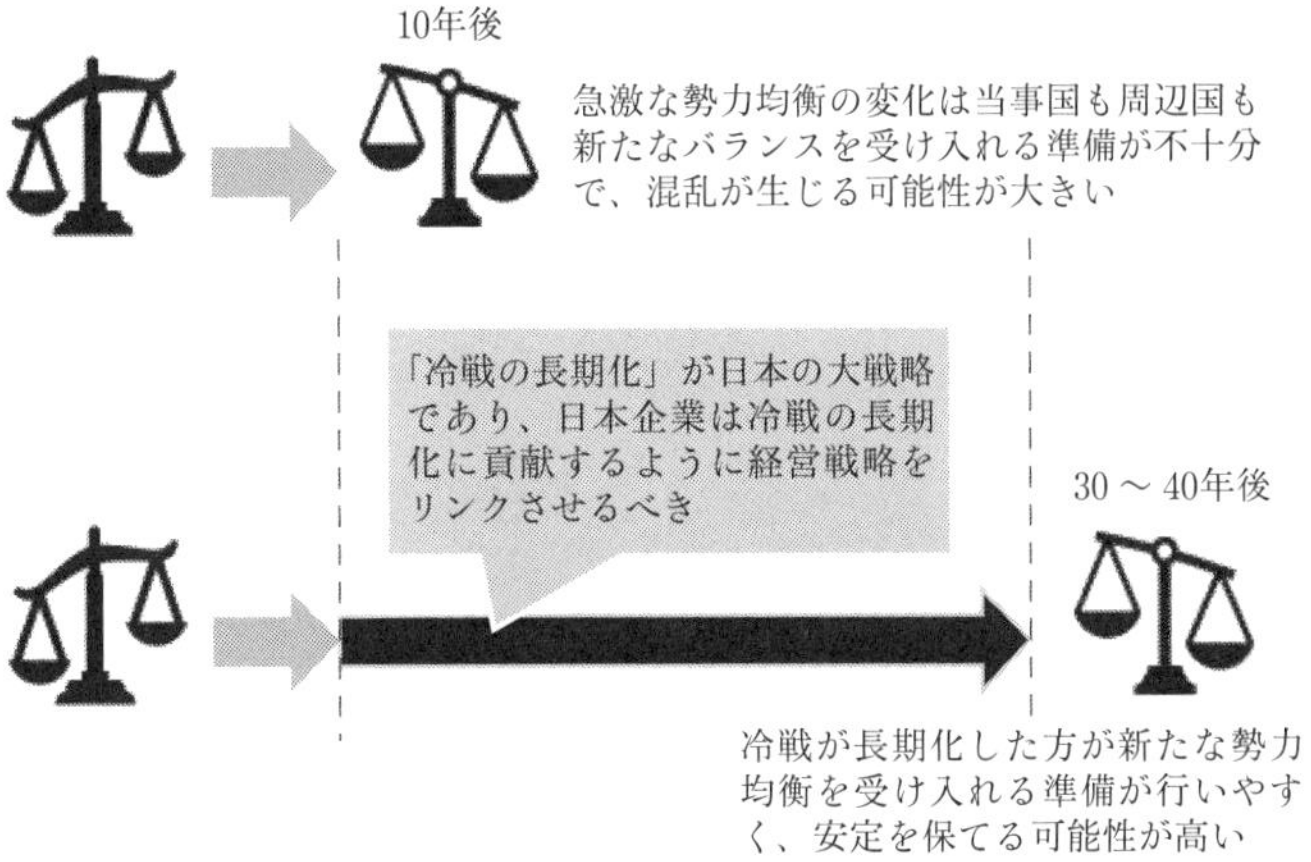

10年後
急激な勢力均衡の変化は当事国も周辺国も新たなバランスを受け入れる準備が不十分で、混乱が生じる可能性が大きい
「冷戦の長期化」が日本の大戦略であり、日本企業は冷戦の長期化に貢献するように経営戦略をリンクさせるべき
30～40年後
冷戦が長期化した方が新たな勢力均衡を受け入れる準備が行いやすく、安定を保てる可能性が高い

下で始動させ、バイデン政権でも変えていない対中政策の骨子は、「中国の不当な方法による成長を遅らせる」である。

新興技術分野での対中輸出規制の継続や対米外国投資委員会（CFIUS）のさらなる強化策は、中国によるサイバー攻撃などを活用した健全な競争にもとづかない技術情報の獲得を阻止し、中国の追い上げ速度を遅延させることを目的としている。

米国は中国の不当な方法による追い上げ速度を減速させる策を講じており、これは冷戦の長期化にも合致する思想だ。

米中冷戦と米ソ冷戦では、技術開発競争の方法がまったく異なる。米ソ冷戦は、閉ざされた軍事産業や宇宙開発産業における、軍事ニーズにもとづく戦場という限定された特殊な環境を前提とした技術開発競争であった。

一方、米中冷戦は、一般市民や一般企業を顧客として囲い込み、集めたデータを活用して技術開発し、製品やサービスを社会に広く浸透させ、それを兵器化させる競争だ。

この競争では、一般市民や企業を「顧客に取り込むプロセス」が不可欠となる。市民のニーズを満たし、市民が必ず利用する市場ポジションを獲得しなければ大量のデータを入手できないことから、企業間で繰り広げられる顧客獲得競争を制することが不可欠だ。

2 市場支配を高度なルールで困難にする

ゆえに、競争環境を能動的にコントロールする意思を持ち、制度をつくりかえ続けなければ、フリー（無料）や政府の補助金を後ろ盾にした圧倒的な低価格によって、一気に市場を支配する企業が現れてしまう。特定企業による市場支配が過度に進めば、その企業の技術の進化が加速して勢力均衡を崩す速度が速まる。同時に、兵器化されたその企業のサービスを悪用した影響力工作や分断工作、意図的な誤作動などによって社会を不安定化させるリスクも高まる。国内の治安崩壊による急激な国力の低下も、米中冷戦を短期決戦に導きかねない要因だ。

「米中冷戦下では市場占有率が過度に高く、社会への影響力が大きすぎる企業の誕生を、安全保障上の危険因子とみなす」のが新たな常識となることを、企業は認識する必要がある。

だからこそ、一般市場での顧客の奪い合いに関するルールを、複雑で準拠する難度が高いルールへと戦略的な意思を持ってつくりかえ続け、特定企業による市場占有速度を鈍化させなければならない。加えて、ルールの変更を断続的に行い続け、定期的に寡占状態を破壊していく必要もあるだろう。

例えば強制労働問題は、基本的人権の侵害に当たることはもちろん、不当な労働を強いることで低コスト生産を行い、健全な価格競争を歪めることにもつながる。人権侵害によって常識外の低価格で市場を占有し、その企業の技術の進化が力の均衡を急激に崩す恐れを生む。こうした事態を防ぐ手段が、サプライチェーンに対する人権デューデリジェンスの義務付け、強制労働が確認された企業からの調達を禁じるといったルールになる。

企業には人権デューデリジェンスを世界規模で実施する業務が強いられるが、これを行うための組織体制整備、実施コスト、実施時間を織り込んだ「より高度な経営システム」への変革が求められる。こうした変革を強いるルール形成を持続的かつ能動的に仕掛け、より良い経営システムへの変革を促し続けることが、冷戦の長期化を実現する手段となる。

加えて、SNSを支配するグローバルテック企業を、独占禁止法よって解体すべきという昨今の米国での議論も安全保障の観点から始まっている。寡占状態をつくりあげるほど社会への影響力の大きな企業が、より良い社会の構築をリードできず、逆に安全保障上の危険因子となる場合は、悪用されるリスクを避けるために戦略的に寡占を破壊する高度なルール形成が行われる証左と見るべきだろう。

【図表２】 急激に勢力均衡のバランスが崩れないように、経済戦争の舞台である一般市場のルールを高度なものに変更し続けることが、冷戦を長期化させるために日本企業が果たすべき貢献

	軍事・宇宙開発産業市場		一般市民・一般企業市場
軍事力の開発方法	軍事ニーズにもとづき戦闘訓練や戦場での実践を通じて兵器化	＋	市民と企業を顧客として獲得し、収集した大量の情報と社会への普及・浸透を通じて兵器化
急激な均衡の崩壊を防ぐ手段	**脅威国企業との分断** 脅威国の企業への輸出・調達・共同研究の禁止	＋	**決着を長引かせるルール形成** 対応に時間を要する高度なルールを形成して成長速度を落とさせ、勝敗が決する時期を先送りさせる
	旧来の軍拡競争の領域 →		追加された新たな領域 →

本来、独占禁止法の理念は、市場の寡占によって企業が優越的地位を使い、「消費者に不利益を被らせない」ことである。

しかし、グローバルテック企業のケースを通じ、寡占を悪用したフェイクニュースの拡散やインフルエンスオペレーションによる人々の意見や思想のコントロールなど、民主主義の発展を妨げるという「社会に不利益をもたらす」のを防ぐことが、新たな目的になり始めた。

既に述べたように、米中冷戦を短期決戦に導きかねない要因には、国内の治安崩壊による急激な国力の低下も含まれる。治安を崩壊させるのに悪用される可能性がある寡占市場の存在はリスクであり、可能な限り危険因子となる寡占市場は、社会から減らしていくことが重要になってくる。

3　歓迎すべき反トラスト法の運用強化

バイデン政権は2021年3月、連邦取引委員会（FTC：Federal Trade Commission）顧問として反トラスト法（独占禁止法）強化を訴えてきたコロンビア大学のティモシー・ウー教授を、国家経済会議でテクノロジー・競争政策を担当する大統領特別補佐官に起用した。彼は、圧倒的な安値や無料によって、消費者が価格面で不利益を被っていないことを理由に、納入業者や下請けへのコストやリスクの転嫁など、社会に生み出されている新たな問題に従来の反トラスト法では対処できないことを、問題提起してきた。

そして2021年6月15日、バイデン大統領は連邦取引委員会の委員長に同じく規制強化を訴えてきたコロンビア大学のリナ・カーン准教授を、最年少の32歳で就任させ、同年7月9日には国内経済の競争促進を目的とした広範な大統領令に署名し、反競争的行為の取り締まりを各機関に指示した。米下院も2020年に報告書で反トラスト法の保護対象を「消費者だけでなく、労働者や起業家、中小企業などに広げるべきだ」と訴えていた（『日本経済新聞』2021年6月17日付朝刊）。こうした米国の反トラスト法強化の動きは、冷戦を長期化させる政策として歓迎していくべきだ。

どうやら中国も冷戦下での寡占リスクを認識しているようである。2021年に入り、寡占状態をつくりあげたＩＴ企業の解体や、海外上場による外国政府からの企業経営への介入リスク削減に一気に動き出した。アリババグループ傘下の金融サービス子会社アントの上場を中止させ、一部の業務については銀行の資本規制の対象となる別の持株会社を設立し、その会社に移させた。『ウォール・ストリート・ジャーナル』は、２０２１年１月に中国人民銀行（中央銀行）がアントに対して出した声明「企業としての発展を国家全体の発展に結びつけなければならない」が、中国政府の意図であると報じた。

その後、中国政府は、フードデリバリー事業を展開する美団と配車サービスを展開する滴滴出行に対して独占禁止法違反の疑いで調査に着手。同年７月には、１００万人以上の個人情報を有する企業が海外上場する際、政府によるセキュリティ審査を義務付けた。政府が強力な権力を有する中国であっても、寡占化した企業には影響力が隅々まで及ばなくなり、中国共産党の統治に悪影響がでかねない事態を懸念し、事前にリスクを排除するルール形成を行い始めたと見るのが妥当だ。

4　寡占化を遅らせるルール形成による競争の管理

日本企業はまず、冷戦の長期化が日本としての大戦略であり、冷戦の長期化に貢献できるように企業戦略をリンクさせることが、負うべき最大の社会的責任であることを理解しなければならない。

市場占有速度を遅らせる高度なルール形成に対して、このような戦略的な意図を深く理解し、変革を強いられるルールであっても肯定的に受け止めていく必要がある。

高度なルール形成をリードする、もしくは後押しするように能動的に関与することが、米中冷戦を長期化させ、冷戦を平和裏に終結させる責任の果たし方だと認識しなければならない。米中冷戦が熱戦に発展していくリスクを回避するため、管理された競争を繰り広げていくことを、米中両国も望んでいる。

競争の管理は当事者だけでは不可能である。日本企業は、日本が経済大国第三位として市場での影響力が大きい存在であることを自認し、米中競争の管理に関与していくべきだ。ルール形成による競争の管理に参加していくうえで、日本はルール形成力に秀でる欧州連合（EU）と連携していくことが有効だろう。また、イギリスが存在感を再強化し始めた英連邦であるコモンウェルスとの連携も、意味を増していくはずである。

5　経営戦略に組み入れるべき新たな前提

「冷戦を長期化させて平和を維持する責務」が企業に課せられるという新常識を、経営戦略を構想する際に、前提条件として強く意識して落とし込まなければ、地に足の着いた戦略構想に至らないだろう。米中が協力領域に位置付け、日本でも数値目標の設定に動き出した気候変動政策についても、日本企業は冷戦の長期化を促す仕掛けを織り込んだルールを形成していくべきだ。

例えば、現在は地球温暖化が議論の中心になっているが、地下水の賦存量低下も深刻な社会課題だ。CO_2削減だけでなく、サプライチェーンで使用した水の消費量をオフセットする取り組みも加えることは、「高度なルールを形成するテーマ数を増やす」という意味で、冷戦の長期化に寄与する。

水に関するルール形成だけでも、下水の再利用率を高める、使用した水量と同じ量の地下水量を当該地域で復元する雨水の貯蔵活動を強いる、などの切り口がある。水を大量に使用する製品は、水の賦存量がそもそも多い地域でしか製造できないルールにし、水が少ない地域で製造して輸出する場合には、地域の水資源の枯渇を早めることを理由にペナルティを関税としてかけることもルールの一つだろう。このように、水だけでもルール形成の方法は多様であり、企業経営の難度を高めるテーマとなることが、容易に想像できるだろう。

ＥＵが政策化しているサーキュラーエコノミーについては、２０１５年12月に欧州委員会にてその実現に向けた政策や行動計画を体系化し「サーキュラーエコノミー・パッケージ」として採択されている。既にドイツは再生可能プラスチックを90％以上使用しているパソコンだけを公共調達の対象にしているほか、フランスでは再生可能プラスチック以外の包装材には罰金

【図表3】平和裏な冷戦終結に“直接”貢献することを自社の役割とし、経営資源の配分領域を、決着を長引かせる高度なルールを受け入れる社会規範づくりにまで広げるべき

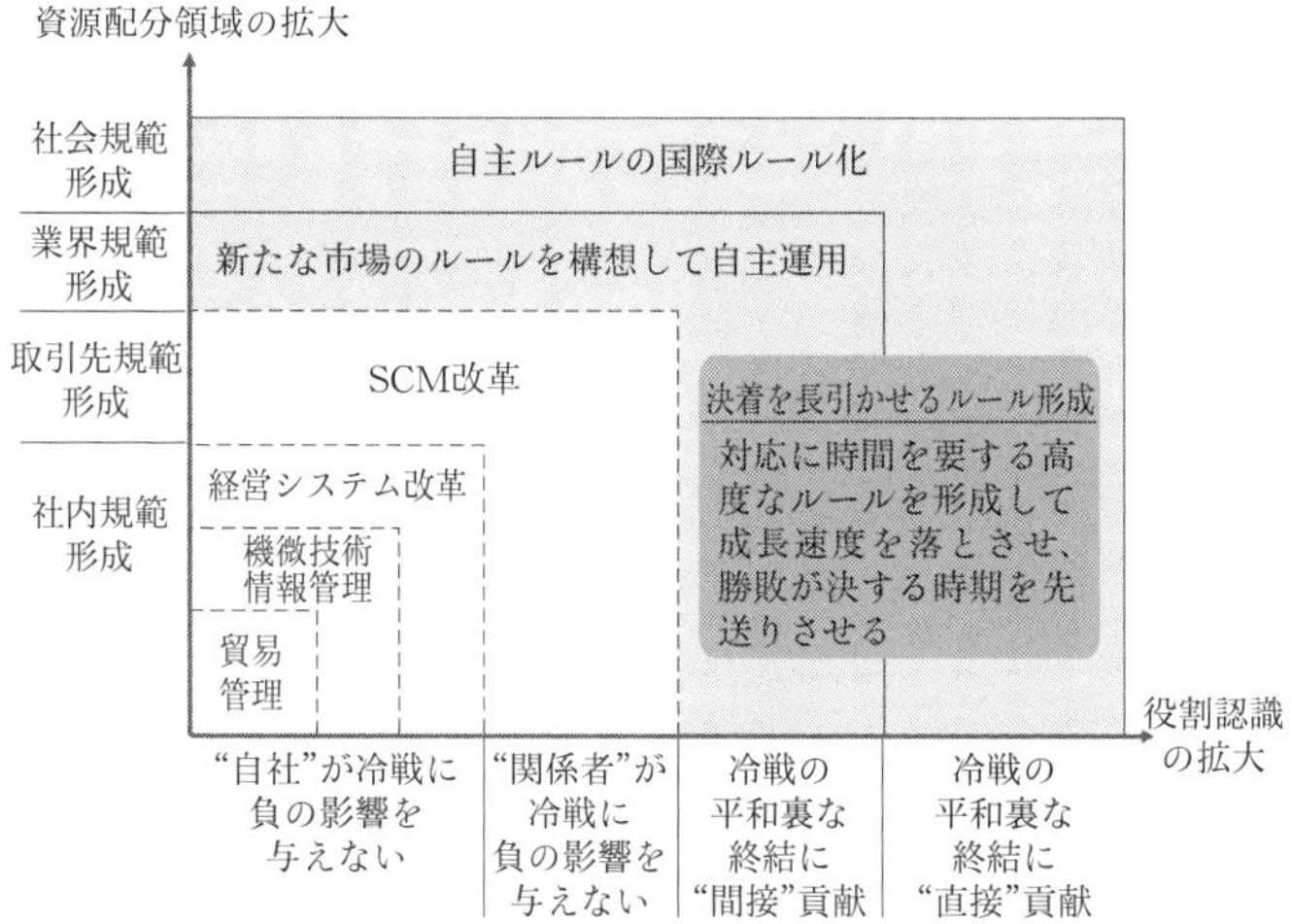

を科すなど、サーキュラーエコノミーは欧州各国の政府にて規制化が進められ始めている。

日本企業からすれば、これまでは単なるコスト増でしかなかった面倒なEUの環境ルールも、米中冷戦を長期化させるルールと捉え直し、能動的に適応するだけでなく、世界の全市場に普及させるアドボカシーも行うぐらいの発想を持つべきだろう。

自社が業界リーダーであれば、高度な自主ルールへの取り組みを対外発表し、競合にも同様の取り組みや、自社とは異なる独自の自主ルールづくりを促していくべきだ。また、冷戦長期化を協調領域に位置付けて、業界で新たな自主ルールを検討していく枠組みを

立ち上げていくことも有効だろう。当然、サプライチェーンまで含めてルール化することで実現の難度をさらに引き上げ、取り組みをしている企業しか調達条件に入れないようにするルール形成も行うべきだ。

顧客を獲得するために、競合する中国企業が強いられる改革の難度を高めることで、単位売上を計上するために必要な資源量の増大や経営管理能力の高度化に経営努力を分散させることにつながる。これが、市場占有速度を低下させることになる。

6　中小企業の大戦略へのリンク

中小企業がルールを創造して直接的な影響力を発揮することは、難しいことかもしれない。中小企業の場合には、自社の成長戦略を考えるうえで、冷戦の長期化へ関与する形で戦略を構想している企業群との取引や関係を強めていく「軸」を重視すべきだろう。そのためには、ステークホルダーや潜在顧客としたい企業の経営陣との対話が重要となる。経済安全保障に対する経営幹部の思想や政策への理解の深さはあまり表では語られないし、語りにくい。直接対話が極めて重要な情報収集となっていくはずだ。

当然ながら、ターゲットとする経営陣の経済安全保障観を理解するのは簡単なことではない。自らの知見も高めていなければ、相手が戦略の骨子に位置付けている仮説を読み解くこともできない。

高度な戦略であればあるほど、「なぜそんなことをするのか?」が見えにくく、「こう動くと、こういう反応が起こって、こうなるはずだ」という因果関係仮説を読み解きにくい。経済安全保障政策に対する理解がなければ、因果関係の前提に置かれている因子を聞いても腑に落ちないからだ。

特に、一見すると非合理的な行動こそ、その裏では、それによって引き起こされる因果が計算されている。経済安全保障政策への知見と、経済インテリジェンス情報がなければ、思考の筋の良さを判断できないだろう。冷戦を長期化させる戦略を、経営者がどのように捉え、自社の戦略にどのようにリンクさせているのかを見極める。そのうえで、中小企業は、自社の戦略をそうした企業の戦略に連動させるように設計し、自社を冷戦の平和裏な終結に貢献するよう位置付けていくことが必要だ。

重要なポイントは、企業の大小にかかわらず、自社または関係者が冷戦に負の影響を与えないことと、冷戦の長期化に直接的・間接的に貢献することを、自社が果たすべき役割と認識することだ。そして、認識した役割は経営資源の配分と整合させなければならない。社内の規範づくりにとどまらず、社会規範づくりにまで資源を投じ続けるよう、資源配分領域の拡大とコミットメントが必要である。

7　シールドエコノミーで全世界を射程に

ブロックからシールドへ

「まえがき」でも述べたように、日本企業に必要なのは、各国の経済安全保障政策に正確に従うことだ。米中が経済安全保障政策を変化させ続け、それに連動して動く各国の経済安全保障政策をルールとして正確に読み解き、新興技術情報の取り扱いに際して、〝みなし輸出〟の発生リスクを構造的に回避する社内デカップリングを行う。そのうえで、両国にまたがったビジネスを続けることだ。

既に述べたように、米ソ冷戦は両陣営間に軍事力による壁をつくり、貿易も分断して共産主義と、自由民主資本主義のどちらの陣営が繁栄を手にするかを競う戦いであった。経済的な結びつきがないなかで冷戦が開始され、その後も両国は経済的なつながりをつくらないように戦った。だが米中冷戦では、両国間の経済依存が存在するため、新たな向き合い方が求められている。

米国やEUは外資投資規制や輸出規制を抜本的に強化し、日本もわずかではあるが外為法を改善させた。こうした動きを保護主義と見るのは浅はかだ。あまりにも無警戒であった中国との取引関係を、経済安全保障政策という盾（シールド）を持って、警戒態勢をつくったうえで取引し続ける新たな関係に進化させる。言うなれば、米ソがブロックエコノミーで分断したのに対し、米中はシールドエコノミーによって接続性を維持するのである。

DXで多国籍化へ回帰

それには、グローバル経営から多国籍経営へという過去への揺り戻しが必須となる。この30年間、日本企業は輸出強化、多国籍経営、そしてグローバル経営へと進化を遂げてきた。多国籍経営とは、各国の市場に適した製品やサービスを可能な限り現地にサプライチェーンを構築して提供する経営だ。

1980年代、日本からの輸出が貿易摩擦を生み、米国の労働者が日本製自動車をハンマーで叩き壊すデモの映像は、戦後復興を成し遂げた日本の経済力が米国の脅威になったという新しい現実を世界に突きつけた。解決策として、1990年代には現地に工場や開発拠点を設けて販売市場国での雇用に貢献し、経営の多国籍化が進んだ。

その後、2000年代に入ってIT革命が幕開けしたことで、ITを活用して各国に分散した特定の生産品目や一部の業務について、資源アクセスや生産コストの観点から効率的な立地に工場や拠点を集積させたり、一部の機能はアウトソーシングして機能そのものを自社から切り離すといった再編を行った。コールセンターはフィリピン、プログラム開発はインド、経費伝票入力業務は中国の大連など、特定業務を戦略的に集積させる各国の産業政策もこうした世

7）量子情報・センシング	・量子コンピューティング ・量子暗号化 ・量子センシング
8）輸送技術	・移動式電力 ・モデリングとシミュレーション ・物資の完全な可視化（Total Asset Visibility, TAV） ・配布ベースの物流システム（DBLS）
9）付加製造技術（3Dプリンター等）	・３Ｄプリンティング
10）ロボット工学	・マイクロドローン、マイクロロボットシステム ・群集技術 ・自己組織化ロボット ・分子ロボティクス ・ロボットコンパイラ ・スマートダスト
11）脳コンピュータインターフェース	・神経制御インターフェース ・マインド・マシン・インターフェース ・ダイレクト神経インターフェース ・ブレイン・マシン・インターフェース
12）極超音速	・飛行制御アルゴリズム ・推進技術 ・熱保護システム ・特殊材料（構造用・センサー用等）
13）先端材料	・光学迷彩 ・機能性繊維製品 例）高度繊維、繊維技術 ・生体材料
14）先進監視技術	・顔・声紋認証技術

【図表4】対中輸出管理で軍事レベルでの厳格化が求められた新興技術情報

1）バイオテクノロジー	・ナノバイオロジー ・合成生物学 ・遺伝子工学 ・神経工学
2）人工知能（AI）機械学習	・ニューラルネットワークと深層学習 例）脳モデル作成、時系列予測、分類 ・進化的・遺伝的計算 例）遺伝アルゴリズム、遺伝プログラミング ・強化学習 ・コンピュータビジョン 例）物体認識、画像理解 ・エキスパートシステム 例）意思決定支援システム、教育システム ・スピーチ・音声プロセッシング 例）音声認識・生成 ・自然言語処理 例）機械翻訳 ・計画 例）スケジュール設定、ゲーミング ・音声・動画操作技術 例）音声クローン、ディープフェイク ・AIクラウド技術 ・AIチップセット
3）測位技術（PNT）	・（例示なし）
4）マイクロプロセッサー	・システム・オン・チップ（SoC） ・オンチップ積層メモリ
5）先端ティングコンピュー	・メモリセントリック・ロジック
6）データ分析	・可視化 ・自動分析アルゴリズム ・コンテキスト・アウェア・コンピューティング

【図表5】経済安全保障の盾を持って中国とビジネスを続け、日本政府と経済界は連携して中国を「公平な競争者」へと導く

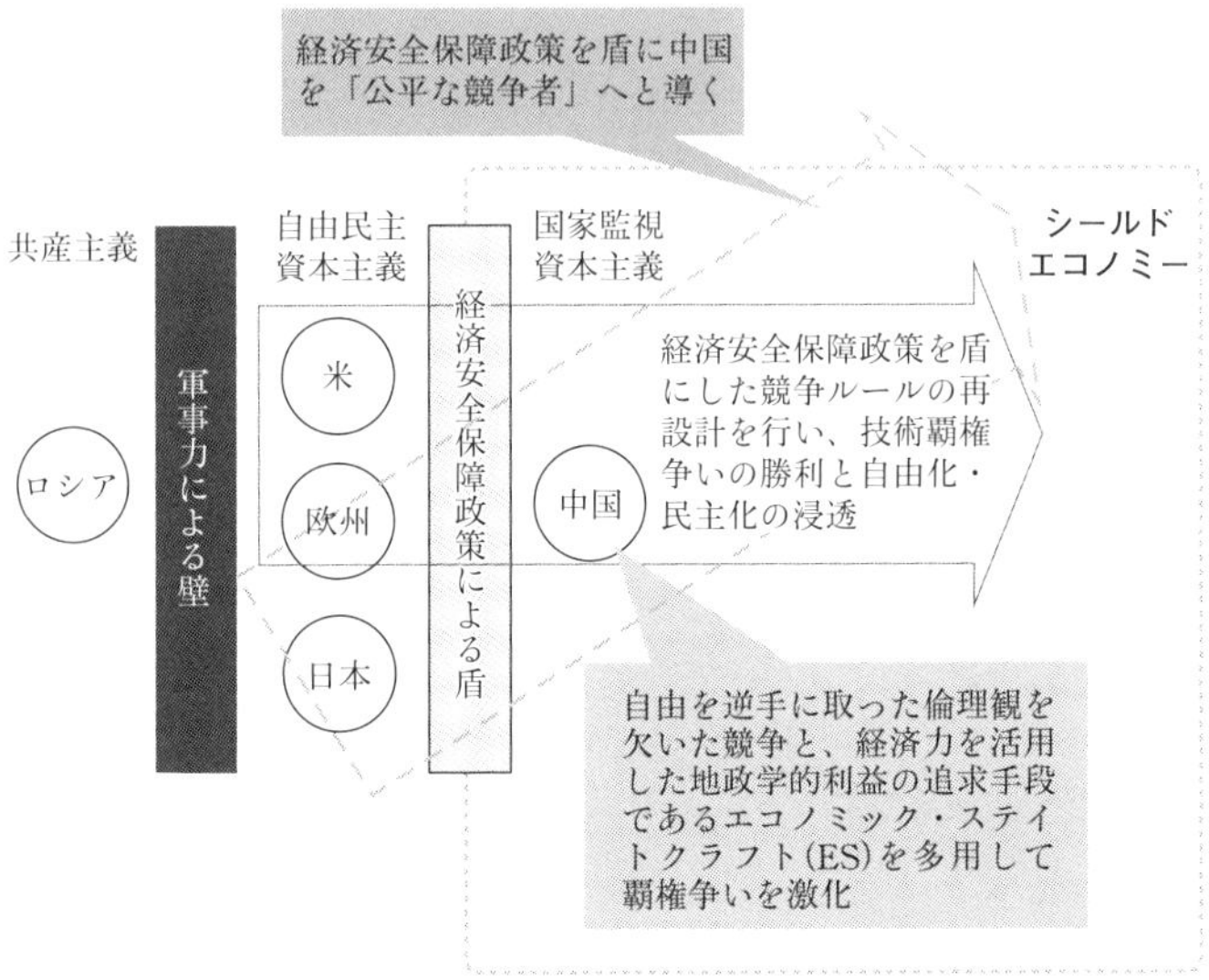

【図表６】新興技術を取り扱う事業に限り、各国の経済安全保障政策に準拠した多国籍経営への回帰を、DXによって効率化・高付加価値化・サステナブル化し、シールドエコシステムへと革新

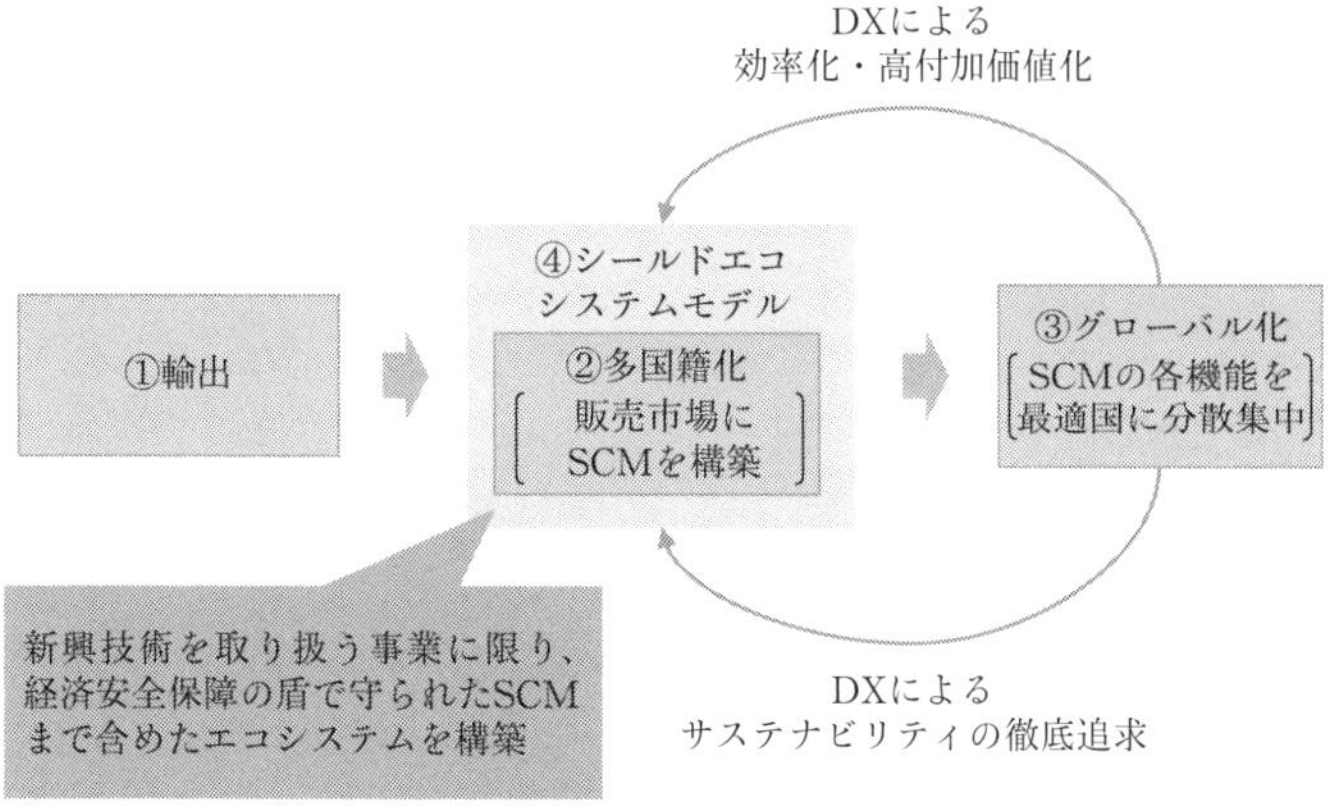

界規模での機能再編を後押しした。

地球規模での多国籍化と、一部機能が特定地域に集中した多拠点を、ITによってシームレスに結びつけたのが、現在のグローバル経営だ。

これが米中冷戦によって新興技術に関する開発と生産に限り、多国籍経営に再び回帰すると捉えることが冷静な見方だ。多国籍化への再構築に当たっては、各国の経済安全保障政策に的確に準拠させつつ、業務やサプライチェーンの効率化・高付加価値化・サステナブル化を徹底する手段としてデジタルを活用する必要がある。これに貢献するのが、DX（デジタルトランスフォーメーション）のあるべき姿である。

8 中国を公平な競争者へ導く関与

共産党の体制変更をゴールに据えた米国

米ソ冷戦と米中冷戦のもう一つの根本的な違いは、冷戦の最終ゴールだ。2020年7月23日、ニクソン大統領記念図書館でポンペオ国務長官は、中国共産党の体制を変えさせる主旨の演説を行った。ニクソン記念図書館を選んだ理由は、ニクソン氏以来の歴代政権による対中政策を失敗と位置付け、中国の発展を後押しし民主化を促す「関与政策」を抜本的に転換する考えを示すためだったと言われている。

ポンペオ氏は演説のなかで「世界の自由国家は、より創造的かつ断固とした方法で中国共産党の態度を変えさせなくてはならない」「今行動しなければ、中国共産党はいずれ我々の自由を侵食し、自由な社会が築いてきた規則にもとづく秩序を転覆させる」と明言した。そして、国連やNATO（北大西洋条約機構）、G7が経済、外交、軍事の力を適切に組み合わせ、中国共産党に互恵主義、透明性、説明義務を迫ることを働きかけ始めた。

この演説には伏線があった。約1カ月前の6月24日にはロバート・オブライエン国家安全保障問題担当大統領補佐官が「中国共産党のイデオロギーと世界的野心」、7月7日にはクリストファー・レイFBI（連邦捜査局）長官が「中国政府・中国共産党が米国経済および安全保障に及ぼす脅威」、7月16日にはウィリアム・バー司法長官が「中国共産党の世界的野心に対する米国の対応」、そして最後に7月23日にマイク・ポンペオ氏が「共産主義中国と自由世界の将来」と題したスピーチで、米国政府として中国共産党の体制変更を迫る考えを示した（各講演の日本語タイトルは「世界経済評論ＩＭＰＡＣＴ」に掲載の滝井光夫・桜美林大学名誉教授「ポイント・オブ・ノーリターンを越えた米政府4高官の反中演説」より引用）。

週単位で安全保障、連邦捜査、司法、外交の4分野からトップが中国に焦点を絞って演説し続けたことからも、米国政府が議会と連携して合意を得て実施したことは明らかである。バイデン政権も発足後、これを否定する対中外交姿勢は見せていない。

ポンペオ氏の演説はとりわけ重要だ。米ソ冷戦は共産主義の拡張の勢いを削ぐために、ソ連国内での共産勢力の弱体化や、衛星国の共産化を防ぐことがゴールであった。ソ連の共産体制の変更までは目標にせず、「共産主義vs自由民主主義」による繁栄手段の正当性を問う競争を行ったのである。しかし、米中冷戦は「中国の共産党体制の変更」を最終ゴールに据えた。共産党体制の変更をゴールに据えたことで、終結に45年を要した米ソ冷戦よりも時間を要する可能性が高まったと言える。

公平でない行動にコストを強いる連携

ＥＵは新疆ウイグル自治区での人権問題で、イギリスは54カ国からなるコモンウェルスとしての香港への国家安全法適用によって、中国共産党への不信感が一気に高まった。EUと英連邦は、米国が掲げた共産党体制の変更を迫るゴールに歩調を合わせる可能性が高まっている。

だが、日本政府は中国との衝突を回避するために、共産党体制の変更を迫る外交方針は取らないはずである。代わりに、どんな政策であっても「中国を国際ルールに準拠して公平な競争行動ができる国家に導く」要素は不可欠になるはずである。

米国やEUは、企業に対して共産党体制の変更に貢献する連携を求めるはずだ。日本企業は日本政府が明確な方針を掲げないなかで、米国とEUから非難されない企業行動を取ることが求められる。その際の判断軸は、中国に対して国際ルールに準拠して公平な競争行動ができるように働きかける活動へのコミットメントだろう。

これが、欧米市場で受け入れられ続けるブランド力の基盤になるはずだ。具体的には、知財権の侵害を放置せずに訴える、軍民融合への協力の拒否、経済スパイ行為による営業秘密流出への徹底的な対策と捜査協力を通じたペナルティなど、不当な競争行動に対する毅然とした法的措置への訴えを地道に行い続けることだ。400万社以上からなる日本企業が、法的措置を活発に防衛手段として繰り出せば、中国が不当な行動を取り続ける際にかかるコストを増大させることが可能となる。

コストを強いることで大胆な振る舞いを自重させることは、結果として中国企業の不当な方法での成長を遅らせることにも寄与し、冷戦の長期化にも貢献することになる。黙っていることを美徳としがちな日本企業は、不正に対して声を上げて法的手段に訴える行動がルールベースの体現であり、地道だが意義ある行為であることを、よく理解すべきだ。

9　エッセンシャルプロダクトという事業定義

パンデミックが変えた供給責任の考え方

新型コロナウイルスによるパンデミックは、世界各国でマスクや人工呼吸器などの医療用品を不足させ、パニックを引き起こした。米国政府は国防生産法（DPA）にもとづき、企業に医療物資の優先的な生産を要求し、自動車大手ゼネラル・モーターズ（GM）には人工呼吸器の生産を行わせた。GMはその後、自主的にマスクの生産にも乗り出した。

米国は2002年にパンデミックを国土安全保障政策の重要アジェンダとし、17年には国家安全保障戦略に格上げしていた。だが、オバマ政権を引き継いだトランプ政権の国家安全保障政策スタッフは人員不足のままスタートし、新興技術競争を主軸とした対中戦略の構想を最優先に掲げたことから、パンデミックに対する政策推進に必要な資源が投じられなかった。

2019年には共和党のマルコ・ルビオ議員から超党派で、パンデミックリスクを念頭に置いた米国のメディカルサプライチェーンの脆弱性について、解決の必要性を訴える「The U.S. runs the risk of losing important components of its medical supply chain to China's government-backed industry」が提案されていた。ルビオ氏は米国が医薬品を70％以上、中国とインドからの輸入に依存していることを問題視し、国内生産量の向上などを訴えていた。米国では多様な機関から人工呼吸器など医療物資が不足するリスクを指摘されていたため、メディカルサプライチェーンの脆弱性は十分に認識されていた状況にあった。

だが、２０２０年2月28日に「解決前にパンデミックによる危機が現実のものになってしまった」とルビオ氏がブログに無念さを吐露する結果となってしまった。

ＥＵにおいても、ドイツが中心となって２００５年からパンデミック対策計画をアップデートし続けていた。また、ＥＵとしても２０１３年にはEU health security framework として安全保障の視点からパンデミック対応政策が構想されていた。だが米国と同様に、ＥＵもインドからの医薬品の輸入依存が高い状態が続いたままであった。結果、今回のインド政府の医薬品輸出規制を受けて、ＥＵはパニックに陥ってしまい、急遽、抗生物質や鎮痛薬などのＥＵ内での生産能力増強が叫ばれる事態になった。

国内生産のために社会制度改革までを責任に

このように、欧米においては事前にパンデミックは国家安全保障を揺るがす課題であると認識されていながらも、今回の事態が回避できなかった。これを踏まえれば、パンデミックを国家安全保障にも位置付けていなかった日本の混乱は当然とも言える。

マスクの国内需要の70%を中国からの輸入に依存し、新型コロナ治療薬として期待されているアビガン（2021年7月時点では未承認）すらも、中国に製造を依存してきたために急遽日本での製造体制を整える羽目になったことは、日本国民に経済安全保障の必要性を認識させる機会になった。

また、日本には米国のような国防生産法もないことから、不足する医療機器の製造能力強化も進められず、政府による私権制限も法的に規制されているため、ロックダウンができない状況も判明した。

日本の政策関係者と企業経営者は、新型コロナ禍を受けて世界のビジネスの在り方が抜本的に変化し始めたことを認識しなければならない。安全保障政策におけるパンデミックの位置付けが変化し、米中冷戦と同様に、一時的に経済合理性を失わせてもパンデミックへの耐性を高める社会システムへの変革を促す決意が示されているからだ。各国の政策シンクタンクもカンファレンスにて、パンデミックへの対応を安全保障政策に位置付けて抜本的に変革すべきとの議論を活発に行っている。

2020年3月には、米国では製薬、医療機器、医療従事者に必要な製品の海外依存度を低減させることを目指し、超党派で「The Strengthening America's Supply Chain and National Security Act」が提案された。こうした動きは医療にとどまらない。戦略国際問題研究所（CSIS）では、米国内で製造すべき essential products とは何かを経済安全保障の観点から定義する議論が開始された。新興技術製品に加える形で、米国への生産回帰対象品目を拡大する方向で議論が沸き起こっている。

今回明らかになった医薬品の国内生産体制を実現するイノベーション政策は不可欠である。中国とインドに製薬工場が集積していた大きな理由として、日本では医薬品の製造過程で発生する有毒な排水の処理コストが、中国、インドより10倍も高いことが報じられた。これまで製薬会社は下水処理プロセスのイノベーションは自身の責任範囲に含めていなかった。しかし、パンデミックを機に、製薬会社は各国で必要とされる薬の量をそれぞれの国内で生産できる体制をつくりあげることも、自身に課せられる社会的責任として認識しなければならなくなった。

そして、可能な限り各国において適切な薬価を実現すべく、コストイノベーションへの投資範囲を拡大せざるを得ない状況に陥り始めている。その観点に立てば、製薬会社は、排水処理コスト削減にも自社の取り組むべき資源投資領域として意識を向けるべきであり、製薬業界に閉じない社会システム改革にまで能動的に関与していくべきである。

戦略物資化が引き起こす経営の無力化への備え

コロナ禍によってワクチン、治療薬、医療機器に加えて新たにエッセンシャルプロダクトとして国内製造対象になったのが半導体だ。5Gや人工知能（AI）など新興技術開発が加速し始めたタイミングで、世界規模で一気に強いられた在宅ワークは、IT機器および通信インフラ需要を急増させて半導体不足を引き起こし、自動車産業への供給が逼迫する事態を招いた。

先端半導体が台湾の台湾積体電路製造（ＴＳＭＣ）という一社に集中依存している問題は、米中冷戦の始まりを受けてコロナ禍以前から認識されていた。だが、世界規模での在宅ワークの浸透は、パワー半導体を含むすべての分野の半導体の供給を逼迫させた。危機を想定して4倍の在庫を積んで他社よりも余力を有していたトヨタ自動車すらも、２０２１年1月には一時的に中国・広州工場の一部の生産ラインが止まったと報じられた（『日本経済新聞』２０２１年1月23日付朝刊）。

先端半導体も旧型半導体もどれか一つでも欠ければ、製品の供給がストップする現実を目の当たりにしたことで、米中は半導体工場の誘致を加速させている。半導体自給率が低いＥＵも、２０３０年までに先端半導体の欧州域内での生産量を世界シェア20％（金額ベース）にまで高める産業戦略を21年3月に発表した。

２０２１年5月、アビガンが新型コロナウイルスにも治療効果が認められるとして、中国人民解放軍が「用途特許」を出願し、中国の国家知識産権局がそれを認めたことが5月27日に判明したと報じられた（「デイリー新潮」２０２１年5月27日）。富士フイルム富山化学が抗インフルエンザウイルス薬として物質特許を有するアビガンだが、日本では２０２１年8月末時点、まだ新型コロナウイルスの治療薬としては認可されておらず、承認審査が続いている。

中国人民解放軍がもしＰＣＴ国際出願をしていた場合、１５３カ国で用途特許が認められることになり、日本でも特許登録されてしまう。そうなると、日本で治験が無事に終了して治療薬として認可されたとしても、用途特許を有する中国人民解放軍の許可がなければ利用できないリスクがあるのだ。残念ながら、アビガンを新型コロナの治療薬として利用する場合は、中国の要望をのまない限り中国人民解放軍は許可しないという外交圧力がかけられることを、我々は現実のリスクとして受け入れる必要がある。

中国はアビガンを戦略物資と捉え、人民解放軍を投入して支配権を奪取してきた。経営者は、自社の製品やサービスが戦略物資化した場合、各国の軍やインテリジェンス機関が競争相手となり、自社の優位が国家権力によって崩壊させられるリスクを念頭に置かなければならない。日本企業が認識しなければならないのは、国家権力を使った他国による日本企業の優位性の切り崩しに対し、日本政府からの能動的な情報提供や支援がもらえない前提で動かなければならないという現実だろう。

自社の製品やサービスは、世界情勢がどのような状況になった場合に戦略物資化し、他国の政府がどのように安全保障ロジックを持ち込んで、力ずくで国家の意思を経営に落とし込んでくるのかを、経営陣は考えておく必要がある。

中国人民解放軍が用途特許申請までしたということは、意匠権や商標権なども奪いにくるかもしれないなど、多様な可能性を検討しなければならないことを示唆している。戦略物資化された場合でも経営の自主性を担保できる準備をしておくことが必要だ。

10 非ハイテク領域のルール形成

非ハイテク領域を定義するルール形成の必要性

米国は中国の技術革新につながる可能性がある新興技術情報と、米国の国家機密を扱っている個人の情報流出を抑えることを目的とし、あえて曖昧なルールを形成し続ける。中国も2020年12月に施行した輸出管理法の改正や21年9月から施行されるデータ安全法について、運用方針を明確に示さないままとなっている。明確な線引きを避けることで、いつでも安全保障の観点から自国の判断を下せる状態が好都合だからだ。

だが、米中両国がどのような判断を下すのか分からないから両国をまたがるビジネスができないという状況は、日本だけでなく世界中の企業が望んでいないだろう。では、どのようにして米中をまたがるビジネスを展開していくべきなのだろうか。

リスクを低減しながら市場を形成するアプローチとして、非ハイテク領域を能動的に定義するルール形成戦略が有効である。ハイテク分野を米中が曖昧に定義し続けることを前提とすると、ハイテク領域については常にグレーゾーンのなかで企業は判断を求められ、米国の判断におびえ続けることになる。

だからこそ、非ハイテク領域とは一体何なのかを能動的に自ら定義し、それを米国企業や米

【図表7】ハイテク領域は曖昧な定義が続くことから、日米中が安全に連携してビジネスができる非ハイテク領域を定義するルール形成を日本主導で実施していくことが有効

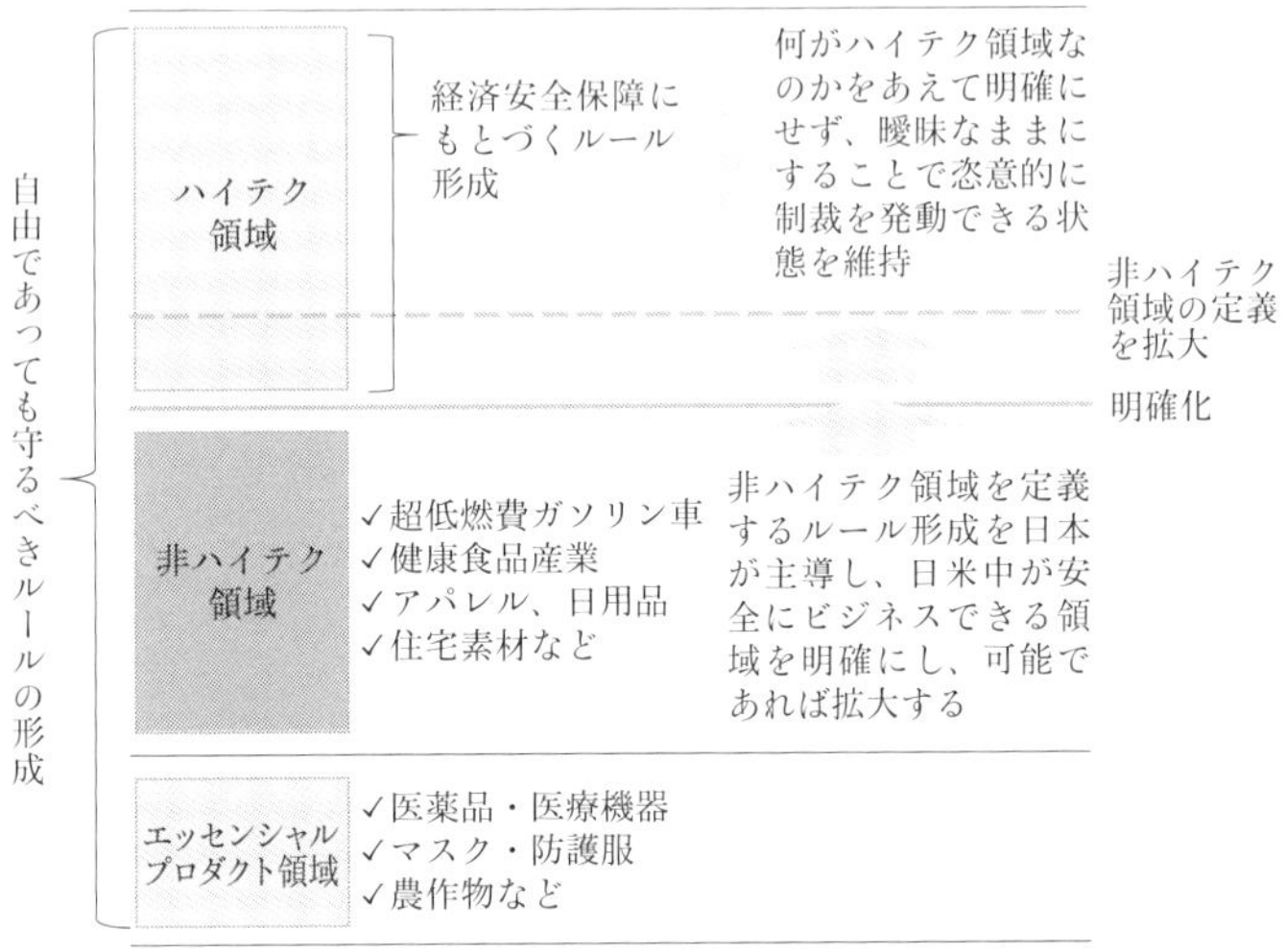
自由であっても守るべきルールの形成
ハイテク領域
経済安全保障にもとづくルール形成
何がハイテク領域なのかをあえて明確にせず、曖昧なままにすることで恣意的に制裁を発動できる状態を維持
非ハイテク領域の定義を拡大
明確化
非ハイテク領域
✓超低燃費ガソリン車
✓健康食品産業
✓アパレル、日用品
✓住宅素材など
非ハイテク領域を定義するルール形成を日本が主導し、日米中が安全にビジネスできる領域を明確にし、可能であれば拡大する
エッセンシャルプロダクト領域
✓医薬品・医療機器
✓マスク・防護服
✓農作物など

国政府を巻き込んで、非ハイテク領域としての合意を獲得していくことが必要だ。米国政府からの制裁が発動されない安全な非ハイテク市場を、対話を通じて合意形成しながらつくりだすことが有効である。

日本企業には自分が伸ばしたい市場や製品について、自ら非ハイテク領域としての位置付けを構想し、米中両政府への説明と他国の企業を巻き込んだ非ハイテク領域に位置付けられることの合意形成に取り組んでいくことが必要だ。

非ハイテク領域は、超低燃費ガソリン車を筆頭に、紙おむつのゴミ問題などへの対応も含めた介護産業、健康被害を軽減させるトクホや機能性食品、

ヘルスケア機器からなるハームリダクション産業、医療費の抑制にもつながるスポーツ・健康食品産業、環境に配慮した持続可能な農業など、様々な分野が存在する。
日本企業は自社事業のなかに非ハイテク領域を見出して能動的に定義し、安全保障環境の改善と社会的課題の解決を促進するために、日米中が連携可能な事業としてプロデュースしていく必要がある。

【チェックポイント】

・米中冷戦を平和裏に終結させる方法は、勢力均衡が急激に崩れないように、冷戦を長期化させることである。企業は、冷戦を長期化させるという大戦略に全社戦略をリンクさせる切り口を発見し、長期化させる市場ルールの変更を能動的に受け入れること、が新たな社会責任となる。
・米中冷戦の特徴は、市民や企業を囲い込んで大量のデータを入手し、技術開発を行うことである。顧客の囲い込みを困難にする高度で難度の高いルール形成を仕掛けて市場占有速度を遅らせ、占有度が高まれば新たなルールに変更して寡占を破壊する活動を継続することが、冷戦の長期化を実現する具体的なアクションとなる。
・中国とは、経済安全保障という盾を手にして、警戒感を高めてビジネスを継続する。新興技術情報を取り扱う事業に限り、各国で自己完結する多国籍経営にし、ＤＸは多国籍化に際して高効率、高付加価値、サステナビリティの徹底追求を実現する手段とする。

・ハイテク領域は線引きが曖昧なルール形成が続くことから、能動的に非ハイテク領域を定義するルール形成を行い、日米中でビジネスを行える安全領域を創り出す。

第2章

研究開発の変身

社会課題を引き起こす

1　不可欠となるインテリジェンス機関との連携

国際標準化に関与する米国のインテリジェンス機関

バイデン政権は現在、トランプ政権よりもスマートで攻撃力のあるES政策の具体化に取り組んでいる。ESはオバマ政権の後期に能動的に展開され始めた。トランプ政権の間も、オバマ政権でESに取り組んでいた主要メンバーがよりスマートなESの在り方をシンクタンクで構想し続けていた。特にCNASは最も能動的にESの研究に取り組んできており、バイデン政権ではCNASから多数のメンバーが政権の主要ポストに登用された。

注目すべきは、米国防権限法2019が米国政府のインド太平洋戦略に対する評価を独立した研究機関への委託を命じ、CNASが受託して取りまとめた「Rising to The China Challenge」と題したレポートだ。このなかで、対中競争に勝つためにCIA、FBIなどのインテリジェンス機関の新たな役割が提案されている。新興技術のトレンドを予測して国際標準化機構（ISO）や国際電気通信連合（ITU：International Telecommunication Union）での国際標準獲得に積極的に関与し、民間企業と能動的に連携していくべきだと提言された。

米国は基本的に国際標準をあまり重視せず、国内マーケットの規模を梃子にしたデファクトスタンダード（事実上の標準）を主軸としてきただけに、国際標準に関心を払っていること自体が驚きである。さらに、国際標準とは真逆の、独自スペックを求めるインテリジェンス機関が、国際標準に能動的に関与するというのは驚愕である。

このレポートを執筆した中心メンバーの一人で、当時ＣＮＡＳ副所長であったイーライ・ラトナーは、バイデン政権にて中国担当の国防長官特別補佐官に就任した。全インテリジェンス機関を統括する国家情報長官（ＤＮＩ）にはＣＮＡＳのボードメンバーであったアブリル・ヘインズが、そしてＣＩＡ副長官にはAdjunct Senior Fellowであったデビッド・コーエンが就任した。このほかにも、国家安全保障会議（ＮＳＣ）国際経済・競争力局シニアディレクターに経済安全保障の専門家かつ弁護士としてＣＮＡＳで米中関係・経済制裁・ＥＳに関する論考を多く執筆したピーター・ハレルが就任したほか、ＮＳＣに新設されたポストである民主主義・人権コーディネーターにも元ＣＮＡＳのシャンティ・カラティルが就任している。

このように、バイデン政権はＣＮＡＳのメンバーが要職を占めており、特に、インテリジェンス機関の主要ポストに彼らが就いたことで、レポートで提案されたインテリジェンス機関と企業の連携による国際標準獲得構想が実行される可能性が極めて高い。

オーストラリアではインテリジェンス機関がベンチャー企業の技術を評価

インテリジェンス機関が新興技術開発で民間企業と連携する取り組みは、米国だけにとどまらない。オーストラリアは２０１７年、AustCyberという政府資本だが政府からは独立した

NPOを、ベンチャー企業育成と安全保障を両立させることを目的に創設した。AustCyberにはインテリジェンス機関から人員が投入されており、新興技術の開発に取り組んでいるベンチャー企業に対し、セキュリティの観点から技術の優位性を早い段階で評価する。

評価に際しては市場をオーストラリアだけでなく、54カ国からなるコモンウェルスのインテリジェンス機関での活用も視野に入れていることから、54カ国での技術標準にしていける可能性も考慮されている。

ファイブアイズの一角をなすオーストラリアのインテリジェンス機関のお墨付きや改善案を踏まえて技術開発の方向性を軌道修正し、より信頼できる技術へと進化する軌道に企業を仕向けたうえでベンチャーキャピタルが投資するエコシステムを構築しているのだ。

ちなみに、オーストラリアは2018年初旬に5Gの脆弱性を世界で最初に発見し、それを米国と共有して米国の5G政策を転換させた。また、第10章で詳細は解説するが、米国政府が進めている企業情報システムに落とし込もうとしている技術標準であるNIST SP800-171に対し、「米国の要求水準は低すぎて困った」と、オーストラリア政府でサイバーセキュリティ政策を担当していた元高官が、日本の防衛省高官に2018年に話している。ファイブアイズのなかでもオーストラリアのインテリジェンス機関はサイバーに関する能力が高く、オーストラリアの取り組みは米国にも参考になっているのだ。

インテリジェンス機関との共同開発の必要性

翻って、今の日本において、内閣情報調査室や公安調査庁、警察の公安部が企業と連携してＡＩや量子暗号といった新興技術の国際標準の方向性を議論することは決してあり得ない。加えて、日本は安全神話に立ってセキュリティをデザインしがちであり、リスクを防ぐことを最良とし、その対策を講じることで責任範囲を切ろうとする点が、セキュリティ思想において欧米とはまったく異なる。この発想の違いが、ＩｏＴ時代における技術標準の獲得力と製品品質の競争力を大きく低下させることに、研究開発者は気づかなければならない。

これまでの日本の製造業の強みは、精密加工領域におけるハードのすり合わせであった。自動車のガソリンエンジンは1万点の部品からなるすり合わせ技術の結晶である。

だが、ＩｏＴ時代になると「サイバー攻撃を想定した復元パターン」のすり合わせが最も重要になる。ＩｏＴ化は、ハッキングされるリスクを様々な部品やモジュールが持つことになる。すり合わせでは、それぞれの部品やモジュールがハッキングによって引き起こす誤作動や異常値のパターンをあらかじめ特定しておくことが重要となる。

それらをどのように全体システムとして解決する回復シナリオを織り込んだ設計にすべきかを構想することが必要になるのだ。サイバー攻撃の特定と防御にとどまるのではなく、あらかじめハッキングされることを前提とし、検知、対応、復旧まで織り込むことが不可欠となる。ゆえに、ハッキング能力が蓄積されているインテリジェンス機関と連携して技術開発し、信頼

【図表8】IoT時代は「①インテリジェンス機関が有するサイバー攻撃情報のR&Dへの反映」と「②サイバー攻撃を想定した復元パターンのすり合わせ技術」が競争力になる

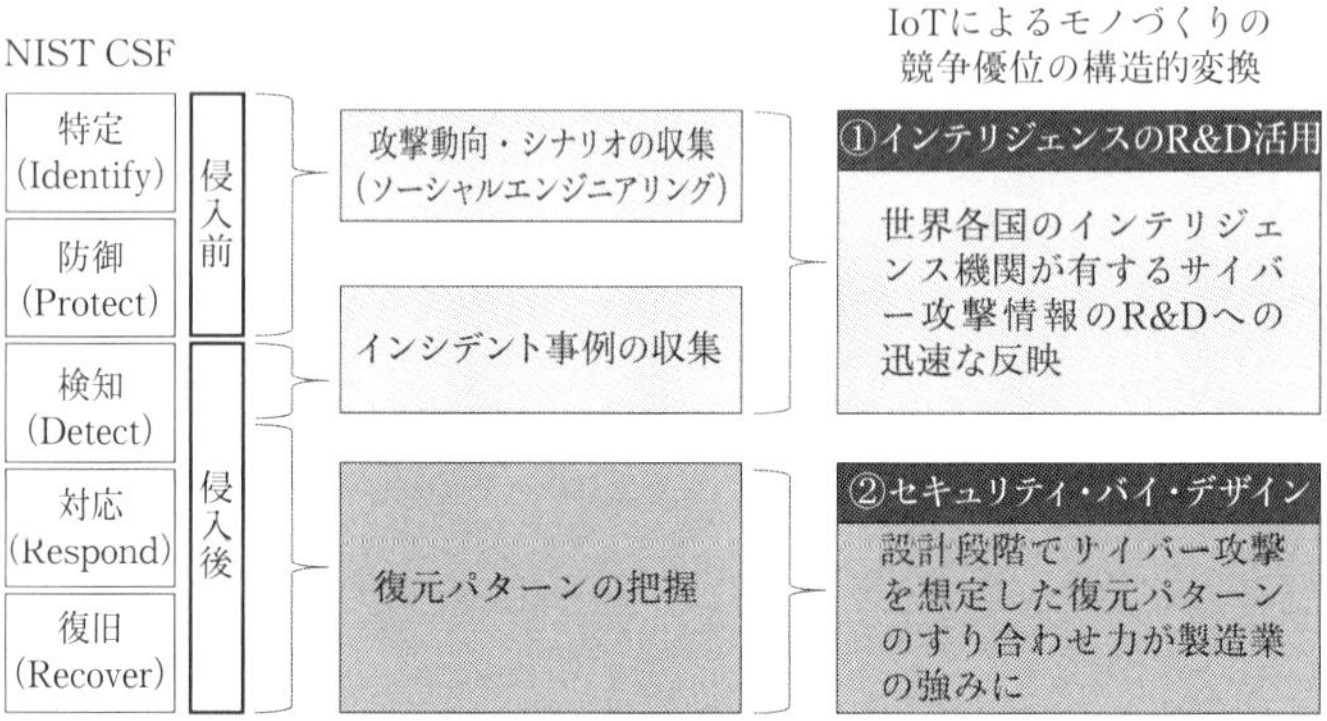

できる技術規格をインテリジェンス機関とともにつくりあげていくことは、極めて合理的な企業行動となる。

当然ながら技術規格の策定に当たっては、技術の内容を公開するオープン方式ではなく、技術を公開しないパフォーマンス基準を採用する。パフォーマンス基準とは、例えばAとBという素材を結合させる技術規格をつくる際、「AとBを10トンの力で引っ張り続けても1分以上耐えられる結合の仕方であれば、結合方法は何でもよい」というように、技術の仕組みは非公開にした規格のつくり方を言う。

インテリジェンス機関との連携に話を戻すと、今後、連携ができないままでは、技術規格をリードできなくなる理由は既に述べたとおりであり、もう一つの深刻な課題は、技術規格のトレンドも見えなくなってしまうことだろう。

【図表９】IoT 製品を市場に投入する前にインテリジェンス機関によるハッキングでセキュリティ評価を行う産業構造になっていない日本企業は世界で不利になる可能性

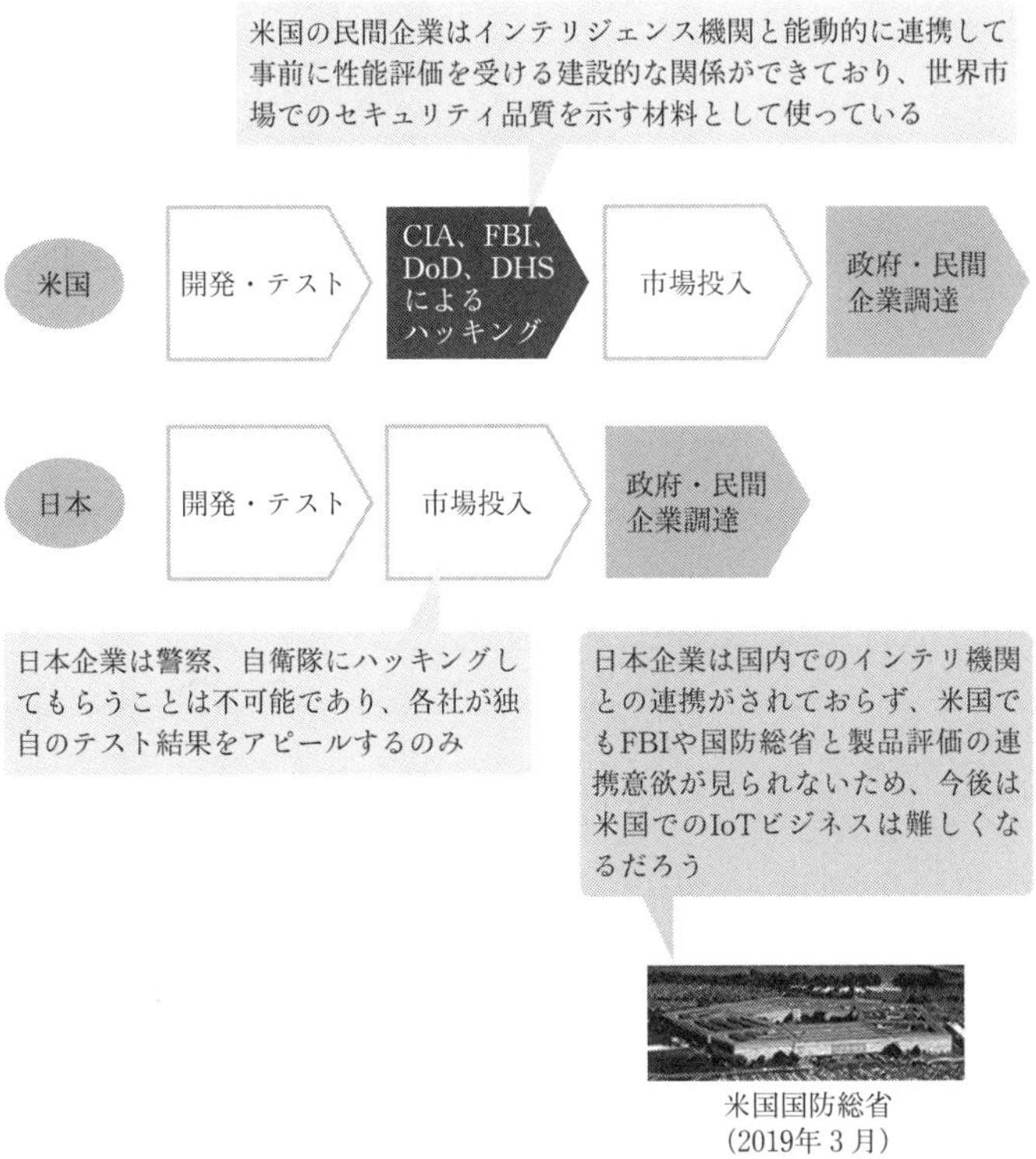
米国の民間企業はインテリジェンス機関と能動的に連携して事前に性能評価を受ける建設的な関係ができており、世界市場でのセキュリティ品質を示す材料として使っている
米国
開発・テスト
CIA、FBI、DoD、DHSによるハッキング
市場投入
政府・民間企業調達
日本
開発・テスト
市場投入
政府・民間企業調達
日本企業は警察、自衛隊にハッキングしてもらうことは不可能であり、各社が独自のテスト結果をアピールするのみ
日本企業は国内でのインテリ機関との連携がされておらず、米国でもFBIや国防総省と製品評価の連携意欲が見られないため、今後は米国でのIoTビジネスは難しくなるだろう
米国国防総省
（2019年３月）

出所：2019年3月にCRSが実施したワシントンD.C.でのインタビュー結果

また、市場に投入するテスト工程でもインテリジェンス機関によるチェックを受けられないままでは、日本企業の製品セキュリティ品質に対する信頼が低下してしまうはずだ。他国の企業はインテリジェンス機関と連携しているので、日本企業よりも先に自社が市場に出した製品の脆弱性を把握する可能性が高い。自社製品の脆弱性を顧客の方が先に認識してしまい、インテリジェンス機関との接点を持たないために日本企業がそれを放置し続けていれば、信頼を失うことは確実だ。

最悪な展開は、意図的に脆弱性を隠し、バックドアを仕込もうとしていたという疑いをかけられることだ。インテリジェンス機関との信頼関係を築けていない日本企業は、こうした疑いを分けられた場合、誤解を解くチャネルも持ち合わせないことになる。

2　不可欠となるセキュリティ・クリアランス（SC）

セキュリティ・クリアランスとは

インテリジェンス機関と企業が連携するためには、機関が有する機密情報の共有や、連携活動によって蓄積される情報の保全体制が不可欠だ。情報保全に当たっては、情報を取り扱う社員個々人の適格性評価と、その情報を取り扱う施設の安全性評価の2つが不可欠とされている。

前者はセキュリティ・クリアランス（SC）制度と呼ばれ、確認されているだけでイギリス、ドイツ、フランス、スペイン、イタリア、オーストラリア、カナダ、ニュージーランド、韓国など多くの国で運用されている。

ＳＣ制度は重要な機密情報の漏洩を防ぎ、機密情報を悪用しない人物であることを国が証明する信用資格制度である。取得に際しては犯罪歴、麻薬使用歴、財務状態など多様な評価項目で分析され、アクセスできる機密情報のレベルによってランク分けが行われ、それに応じたアクセス権が付与される。米国では２０１６年時点で人口の１・３％にも及ぶ約４８０万人がＳＣを有し、政府機関だけでなく民間企業で働く人もこの資格を有している。

各国で共通している制度運用は、その国の国籍を有する人物に取得を限定していることだ。加えて、米国の場合はどうやら、米国人であっても日本企業に転職した場合はＳＣの更新を認めていないようだ。理由は、日本に民間人向けのＳＣ制度がないためだ。

実は、主要国のなかで日本だけが民間人向けにＳＣ制度の運用を行っていない。日本では２０１４年12月から特定秘密保護法が施行されており、特定秘密を扱う人材のバックグラウンドチェックを行う「適性評価」が運用されている。これは、あくまでも日本政府の国家機密として指定された特定秘密を扱うことを目的としている。特定秘密を扱う人物は、行政機関の職員を念頭に置いて制度設計されている。

結果、２０１５年12月時点で特定秘密へのアクセスが許可されているのは10万人以下であり、その98％が行政機関の職員となっている（『日本経済新聞』２０１５年12月１日付朝刊）。

米国のSC制度は保有している機密へのアクセスレベルの違いによって更新期間が5年、7年と異なる。ごく稀に、非常に厳しい審査をパスした場合に限り、日本企業に勤務してもSCが剥奪されない運用も行われているようである。そのため、日本企業に勤務する多くのSC保有者は、SC更新のタイミングで日本企業から米国企業へと転職してしまっているのだ。

SC制度導入国の間では、SC制度の相違を踏まえつつ相互認証を行っている。各国のSC制度は機密扱いする情報に機密のレベルを設け、アクセスが許される機密レベルに応じてSCのランク分けを行う構造になっている。米国のBレベルはイギリスのAレベルといったように両国の間でランクに応じた情報共有を認めるといった運用が行われているという。少なくとも米国、イギリス、オーストラリア、カナダ、ニュージーランドからなるファイブアイズ・カントリーズの企業に勤務する場合は、米国もSCの継続を認めているようだ。

残念ながら、現時点では日本にはSC制度は存在しない。日本企業からSC制度が必要だという声が上がっていないため、立法事実がないと内閣法制局が捉えているからだ。日本企業の研究開発部門や経営陣は、SC制度がないことによって開発競争力が低下するリスクを認識し、政府にSC制度導入を求める声を上げていく必要がある。

現在の日本の政策制定プロセスは、業界団体の声としてまとまっていなくても、いろいろな企業から声が上がるだけで「先進企業のニーズにこたえる必要がある」として動けるようになってきている。標準化においても、業界団体でなく1社でも、トップスタンダード方式という制度を使うことで国際標準の提案が可能になったほどだ。

開発部門は、政府にSC制度をつくってほしいと依頼することも経済安保時代の重要な戦略行動であると位置付けて、声を上げていくべきだ。

戦略的に活用すべきオーストラリアのSC制度

日本ですぐにSC制度ができないとしても、日本企業には自助努力の余地がある。それはオーストラリアの戦略的な活用だ。

制度の詳細は第8章で述べるが、オーストラリアでは勤務する外資企業が、政府が定めるガバナンス要件を満たしている場合に限り、オーストラリア人のSCの保有が認められている。SCの取得費用はアクセスできる機密情報のレベルに応じて審査機関が異なり、数万円から100万円弱のコストがかかる。

事実、オーストラリアで事業展開している日本のICT企業数社では、オーストラリア政府から発行されたSCを保有するオーストラリア国籍の社員がいることを確認した。

既に述べたように、オーストラリアと米国はファイブアイズとして機密情報へのアクセスを相互に融通していることから、米国の機密へのアクセスが一定程度可能なSCを保有するオーストラリア人を採用することは、現時点で実行可能な解決策となる。

オーストラリア人の技術者でかつSCを有している人材がベストだが、自社が望む技術者の採用は製造業が大きくないオーストラリアでは簡単ではないだろう。現実的な解決策は、技術ルールの調査担当としてSC保有者を採用し、インテリジェンス機関と民間企業での技術に関するルール形成を議論するフォーラムやコミュニティに参画させ、開発陣にフィードバックさせることだ。

これまで、日本企業は研究開発の技術トレンドを把握する観点から、オーストラリアを採用の場にした経験はないはずだ。ゆえに、こうした戦略的な意図を持って、オーストラリアで採用活動を展開するには、まずインテリジェンス機関と連携する研究開発において、SC人材がどのような価値を持つのかについて、共通認識を形成する必要があるだろう。

全社戦略の目線からは、保有事業のうち、どの事業がインテリジェンス機関との連携による影響力が高くなる可能性があるのかを把握することで、事業間の相対的な影響の違いを捉える必要がある。また、全事業に占める影響が高い事業比率を把握することで、インテリジェンス機関との関係を全社レベルでどれくらい太くしなければ、開発力が中長期で低下するリスクがあるのかも知る必要があるだろう。

比率が大きければ、オーストラリアのSC人材を個別に採用していく活動と合わせて、FBI、CIA、MI6といった組織と深い関係がつくれる各組織の元高官レベルの採用や、そうした機関とのビジネスをしている企業への資本参加が必要になるだろう。逆に、特定の事業にSCの必要性が限定されるのであれば、該当する事業の開発拠点をオーストラリアに移転し、

ＳＣ保有人材の採用競争力を高めることも検討すべきだろう。

公安調査庁との組織的な関係構築の必要性

開発段階で技術規格情報を収集する努力をＳＣ人材の採用によって行うことと併せて、せめて自社の製品の脆弱性をチェックしてくれるインテリジェンス機関との関係を早急につくるべきだろう。そのためには、まず日本企業は意志を持って世界各国のインテリジェンス機関との関係構築にチャレンジする必要がある。

海外のインテリジェンス機関が個々の日本企業を信頼するには、その日本企業が日本国内で自国のインテリジェンス機関と信頼関係を構築できているかどうかが必須条件になる。信頼関係ができていれば、日本のインテリジェンス機関を通じて海外の機関の紹介を受けることが可能となり、海外の機関との信頼関係の構築も迅速に図られる。当然だが、日本国内でインテリジェンス機関に信頼されていない日本企業が、海外で信頼されることはあり得ない。

具体的には、公安調査庁と関係を構築し、公安調査庁を通じて海外のインテリジェンス機関との接点をつくっていくことが有効である。米国は海外での諜報活動はＣＩＡ、国内がＦＢＩと住み分けがされているが、日本では公安調査庁が海外、国内の両方のインテリジェンスをカバーしているため、ＣＩＡや、ＦＢＩ、ＭＩ６、ドイツの憲法擁護庁などと直接的な関係を築いているのだ。

次に考えなければならないのは、研究開発力の強化を目的とした公安調査庁および海外のインテリジェンス機関との関係構築を、どのような組織体制で進めるかだ。

研究開発部門の人材だけでインテリジェンス機関との関係を構築し、技術規格を議論していくことは困難だろう。今や技術規格は純粋な技術要素だけでなく、人権や民主主義の保護、社会システムの在り様など、議論の幅が非常に広くなっている。昨今、日本企業が技術規格づくりで存在感を示せなくなっている理由が、標準化を担う組織の技術志向が強すぎることである点も踏まえると、開発部門と標準担当部門の組み合わせも不適切だろう。ルール形成を担当する専門組織を設置し、ここがテーマに応じて最適なチームを構成することが不可欠である。

インテリジェンス機関は安全保障の視点から妥協を許さないことから、高い要求水準をクリアすることをイノベーションの機会にしていく必要がある。インテリジェンス機関が理想を追求して米国企業がそれを実現し、日本が完全に敗者となった典型的な事例を述べよう。

米国では2010年以降、国家全体のセキュリティレベルを高めるためにはクラウド化が必要だとインテリジェンス機関が判断し、妥協なき技術開発が促された。今やCIAも米国防総省（DoD）もクラウドを基幹システムとして利用している。同時期、日本企業は「クラウドなんて危ない」「技術的に困難だ」と言ってチャレンジすら不十分な状態が続き、クラウド市場では完全に敗者となった。日本企業はなぜ世界の選択肢となるクラウド開発に失敗したのかを分析することは、妥協なき技術開発を考えるうえで良い題材だ。

インテリジェンス機関が追い求める理想を日本企業のなかで話せば、「そんなのはあり得ない」と笑われるだろう。それでも社内を説得し、開発のために資源を配分し、本気で取り組める開発体制をつくる必要がある（研究開発に不可欠なゼロデイ情報の取り扱いとSC制度の関係については、第8章で詳細を解説する）。

3　社会課題解決力から社会課題を引き起こす力へ

制度覇権の仕組み

米中冷戦は制度覇権争いでもある。既存の秩序を塗り替える方法として、真っ向から現状を声高に否定すると、修正主義者というレッテルを貼られて説得力を失いがちである。一方で、唐突に新たな制度を提案し、その制度がいかに優れているのかを熱心に解説しても、変えるための手続きや手間を理由に現状維持勢力に押し切られがちである。

よって、現状の制度では対応できない社会課題を引き起こし、課題解決への取り組みが必要な状況を創り、取り組み過程であらかじめ準備していた制度に落とし込むことが最善策となる。

気をつけなければならないのは、国家が社会課題を引き起こしてしまうと、その国家が制度を提案しても説得力が落ちてしまうということだ。ゆえに、民間企業に社会課題を引き起こさせ、企業を指導する形で新たな制度を国家が提案し、企業を従わせて新しい現実を創り出すの

【図表10】制度覇権を獲得するうえで、主導権を争う新たな領域を自ら技術によって創り出し、戦略的な意思を持って技術によって社会問題を創造することが戦略の要諦

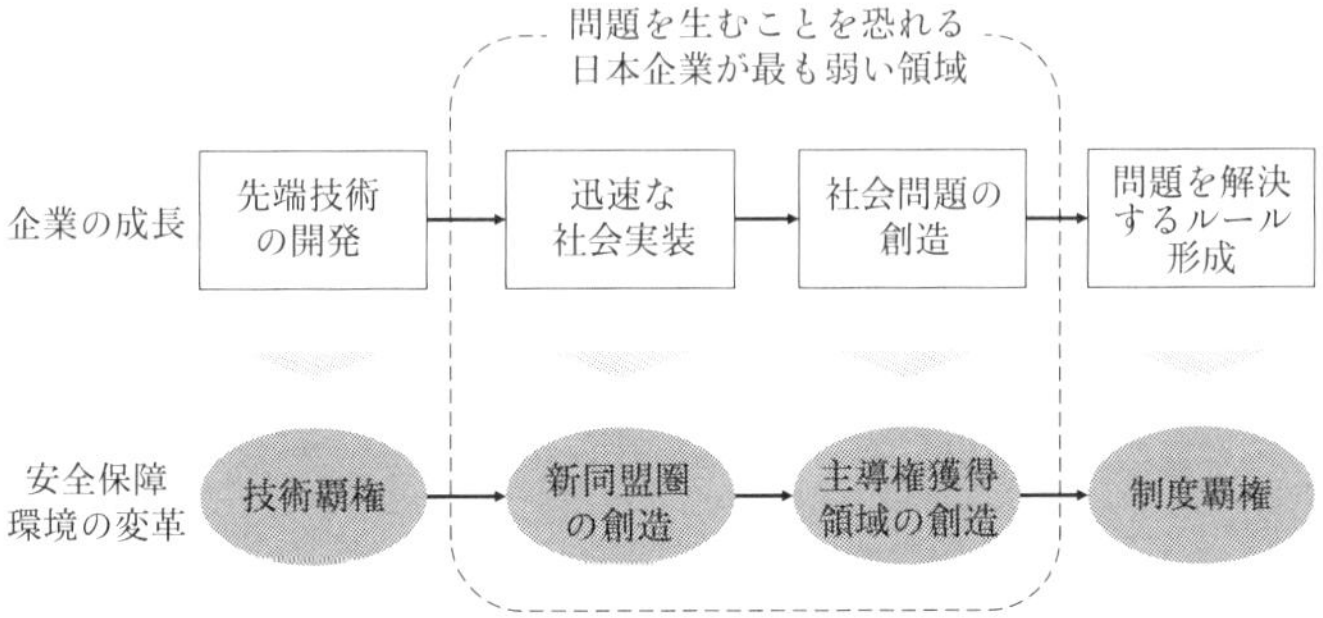

が有効な手段となる。

制度覇権の鍵が、民間企業に社会課題を引き起こさせることだと、国家が経済安全保障戦略の観点から認識しているとすれば、国家資本の入っている企業は大胆に社会課題を引き起こそうとするだろう。ここに、中国が国家資本主義ながらもイノベーションで自由民主主義国の企業と伍す可能性が見出される。

自由思想を制限する共産主義では、持続的なイノベーションは困難ではないかという限界論が存在するが、「現状の制度を無視して社会課題を引き起こせ」という大胆な開発方針は、イノベーションをもたらす原動力になる可能性が高い。

日米欧中の開発思想は、日本が「現状の制度のなかで最良のものを創る」、欧米は「良いものを創り出し、それに適した制度に変えさせる」、中国は「現状の制度による安定を打ち破り、既存の制度では解決できない社会課題を創り出すものを創り出す」という感じだ

ろう。

想像力を高める手段として、あえて制約条件を置いて考えることは、発想法として有名な手法だ。現状の制度では解決できない課題の創造を求めることは、発想に際して制約を置くのと同じ効果を生むはずである。これが、中国が自由民主主義とは異なる体制でありながら、創造性を継続させる可能性を高める。

社会課題を引き起こす形での制度覇権の具体的な手順は、まず企業側で先進技術を開発し、その技術を早急に普及させる手段として、実証実験の場を自国だけでなく、他国の企業や地方自治体にも展開する。他国での利用は、自国の技術に依存する同盟陣営づくりの効果を生む。技術が普及することで社会課題が生じれば、その技術によって同じ社会課題が生じている国を巻き込み、自国が考えた解決案を国際ルール化する際の賛同国に取り込むことも可能となる。

自由民主主義国由来で近年、社会課題を引き起こした最大の技術はＳＮＳだろう。FacebookやTwitterは世界中に普及し、２０１０年にはチュニジアのジャスミン革命を皮切りに、ヨルダン、エジプト、バーレーン、リビアといった独裁体制国で次々と反政府運動が過激化し、アラブの春と呼ばれる民主化運動の原動力となった。

だが、２０１６年には欧米各国の選挙介入ツールに利用され、フェイクニュースや政府不信を呼び起こす過激思想の発信ツールとして悪用され、民主主義を脅かす存在になった。

今や言論の自由よりも、政府が言論を取り締まる権威主義国の方が社会を安定させるとして、言論の自由の在り方が制度覇権抗争の場になり始めた。

　権威主義国由来で既に社会課題を引き起こしている典型的な製品はドローンだ。ドローンは中国のＤＪＩが２０２０年時点で世界シェア７割を占めており、物流はもちろんインフラのメンテナンスでの利用など様々な業務革新をもたらしている。一方で、落下事故、飛行禁止区域での違法行為、盗撮、データの越境移転などを世界中で引き起こし、社会課題は枚挙にいとまがない。今後、ドローンに関する規制は、供給量で圧倒的なシェアを占め続ける中国の対応なくして、製品側での規制は難しく、制度設計における中国の存在感が高まることは確実だ。

　自由民主主義国と権威主義国の間で社会課題を起こし合う技術はＡＩであることが確実だ。ＡＩ領域で注目すべきは、制度覇権への参加の仕方だ。米国と中国はＡＩを自ら開発して実装し、社会課題を生み出して解決しながらルールをつくるのに対し、ＥＵは実装せずとも想定される社会課題を先行して想像してルールをつくる方法で、制度覇権を一歩リードしている。

社会課題を起こせる日本企業への変革

　民間企業の社会課題を引き起こす力が国家の制度覇権力を高めるという図式は、日本には極めて不利な時代の到来を意味する。日本企業は革新的なアイデアを生み出しても、市場にルールがなければ違法になるというリスクを取れずに投入をためらい、ルールがあればそれに従うように修正して革新性を削ぎ落とす。社会課題を生むことを念頭に置いて製品やサービスを投入するリスクを取れないのが、最大の課題だ。

だが、30年以上続く米中冷戦において冷戦の長期化に貢献するには、市場のルールの高度化を主導しなければならず、制度覇権に参加しなければならない。冷戦を平和裏に終結させるという大義を果たすべく、社会課題を引き起こし、一定程度、世間から非難されるリスクを経営者は取っていく覚悟が必要だ。

当然のことだが、自助努力によってあらかじめ発生を防げる社会課題の芽は摘んでおくことが前提だ。どんな製品やサービスにも、その製品の製造過程や利用、廃棄によって少なからず環境負荷を生み出しており、一部のヘビーユーザーの生活に悪影響を及ぼすなど、何らかのマイナスを生み出してしまっているはずである。こうした社会課題を自ら能動的に発見し、社会課題として定義して光を当て、解決をリードするのだ。

ともすればマッチポンプと言われかねないため、あらぬ誤解を生まぬようにしなくてはならない。そのために必要なのは、社会課題を解決するソリューションを販売するのではなく、発生を未然に防ぐ、もしくは発生する問題への対処を無償で義務付けるといった質の高い、自社を追い込むルールを形成し、業界に新たな秩序をもたらすことだ。そして、社会課題が深刻度を増す前に、能動的に解決する制度案を提示し、制度覇権の議論を主導しなくてはならない。

日本企業は、自社の製品やサービスが生み出す社会課題の発生領域を以前よりも広く捉えてモニタリングし、自社が負う責任範囲を大きく構えることが必要となる。また、解決のための制度案を迅速に創り出してルール形成を仕掛けていく体制をつくっておくことも必要だ。売上が上がることは途中のゴールとし、製品やサービスが生み出す社会課題を解決するルール形成のリードを最終ゴールに据えた組織体制や資源配分をしなければならない。

経営において工夫すべき点は、投入した製品やサービスが社会課題を生み出すことをマイナス評価しないこと、能動的に発見することをプラス評価すること、そして最後に社会課題の解決に必要な費用をコストではなく、次の市場を創造する投資として捉える業績評価制度を導入することだ。一般的に、社会課題を広く捉えて自社の責任にしていくことに対して、経営陣はリスクを感じて及び腰になりがちだ。

このことを考えさせる良い事例はボルボだ。自動車会社は交通事故を運転手の責任に位置付けて産業発展を遂げてきた。しかし、2007年にボルボはVision 2020を発表し、2020年までに新しいボルボ車に搭乗中の事故による死亡者をゼロに、重傷者もゼロにすることを目標に掲げた。ボルボは交通事故の責任を自社の責任とし、責任範囲を拡大したのだ。また2021年以降に発売されるモデルは、時速180キロ以上の速度が出ない設計にした。ボルボにとって重要なセグメントであり、高速走行を前提とするアウトバーンを有するドイツ市場でも適用した。

ボルボは速度に上限を設けてスピードを重視する顧客が離れるリスクを取る選択をし、搭乗中の死亡事故をゼロにするための自主ルールを設け、自動車業界全体が責任範囲の拡大を受け入れる流れを創り出そうとしている。業界リーダーではないポジションにあるボルボの試みは、米中冷戦下で日本がルールの高度化によって市場に影響を中長期で及ぼしていく参考材料となる。

こうした思想を生み出し、体現する新たな経営が求められる。開発・営業・ルール形成担当チームが連携し、①売上を上げること、②自社の製品・サービスが生み出す社会課題を能動的に早期発見すること、③社会課題の発生を未然に防ぐ、もしくは発生する問題への無償での対処を義務付けるといった質の高い自社を追い込むルール形成を投資として織り込むこと、④社会課題を生み出すことについて人事評価や業績評価でマイナス評価をしないこと、この4つの活動を有機的に組織に落とし込んだ企業が、米中冷戦期を勝ち抜くだろう。

4 誕生の可能性を視野に入れるべきD10スタンダード

自由民主主義が生む技術開発障壁

イギリスのボリス・ジョンソン首相は、G7にオーストラリア、韓国、インドを加えた10カ国によるデモクラシー10（以下D10）の発足を呼びかけている。米国のバイデン大統領も民主主義国サミットの開催を標榜しており、これらの動きは自由民主主義国同士の結束を強め、権威主義国化するリスクのある国々を陣営に引き入れて自由民主主義国の数がこれ以上減らないようにするイニシアチブにしていくことが狙いだ。

D10は、自由民主主義と資本主義を再構築していくエンジンとしての機能を担うはずである。パンデミックリスクやテロリスクの監視とプライバシーのバランス確保、ESG投資による短期利益追求からの脱却とサステナブル社会の実現など、社会システムと経済メカニズムの再構築の試行錯誤を続けていく進化の時代の幕開けと捉えるべきだろう。

企業にとって重要なポイントは、製品やサービス、それを開発するプロセスにも自由民主主義の発展を妨げる要素がないか、厳しい目が向けられ、場合によっては自主規制が求められることだ。それを裏付ける動きが起こり始めている。AIによる顔認識技術を用いた製品やサービスの分野では、技術開発や産業化に自由民主主義国ゆえの障壁が生まれ始めているのだ。

2018年、米マサチューセッツ工科大学（MIT）がIBMやマイクロソフトなどの顔認識ソフトウェアの精度を調査したところ、「明るい肌の男性」よりも「暗い肌の女性」の方がはるかに誤認識されやすいことが判明した。この結果はAIへの議論を呼び起こし、2019年5月、サンフランシスコ市は警察による顔認識技術の使用を禁止。オークランドやバークレー、マサチューセッツ州サマービルなども同様の条例を検討していることが報じられた。

カリフォルニア州では、警察官のボディカメラにおける顔認識技術の使用を禁止する動きが州議会まで進み、ワシントン州でも州全体で顔認識技術を禁止する法案が提出された。さらに国レベルでも、企業が顔認識でユーザーを追跡することを規制する法案を、一部の上院議員が提出した。テロ対策を徹底する米国が、顔認証を用いた治安維持活動を警察すらも見直さざるを得なくなるほど、人権重視の姿勢を鮮明にしようとしている。

２０２１年４月にはＥＵがＡＩの利用に関する規制案を公表し、公共空間で顔認証システムを使った警察捜査を原則禁止とした。

ＥＵはＡＩ利用リスクを４段階に分類し、最も危険な「禁止すべきリスク」として、警察などの公権力によるリアルタイムで顔認証などの生体認証技術を使った捜査や、政府による個人の信用格付けなどを位置付けた。それに次ぐ危険レベルである「高リスク」には、企業の採用面接や教育現場での試験の採点、国境管理などを位置付け、ＡＩの利用に際しては事前審査を必要とするプロセスにした。

違反が確認された場合は、最大で３０００万ユーロ（約40億円）、もしくは世界売上高の６％のどちらか高い方を罰金として科すルールとなった。

産業界では自主規制の動きが出てきている。２０２０年６月、ＩＢＭが顔認証ＡＩ事業からの撤退を表明した。同社のアービンド・クリシュナＣＥＯは「ＩＢＭは他社の顔認識技術も含めたあらゆるテクノロジーが、大衆監視や人種によるプロファイリング、基本的人権や自由の侵害に使われることに強く反対し、容認しない」との声明を発表した。アマゾンやマイクロソフトも、警察に対する自社のＡＩサービスの提供を当面見送る決断を行った。

ＡＩの開発と進化には、実際に活用しながらの大規模な実証実験を通じてデータを蓄積し、アルゴリズムを見直し続けることが不可欠だ。社会で広く活用しながら問題を改善していく方法が効率的な開発アプローチであるが、不完全なＡＩを社会に実装することを欧米諸国は自由民主主義の観点から認めない決断をした。一方で、中国が人権に配慮せずに膨大な人口での実装を通じたＡＩ開発とその軍事転用が、米軍の優位を揺るがすリスクになっている現実を、安全保障コミュニティでは喫緊の課題として日々議論している。

D10スタンダードの可能性

イギリスのジョンソン首相は、前述のようにＧ７にオーストラリア、韓国、インドを含めたＤ10という構想を２０２０年６月に打ち出した。Ｄ10は自由民主主義国の維持・拡大を行っていくための根幹となる連合国を意味すると、捉えることが妥当だろう。Ｄ10では、新興技術開発において倫理的な発展にも注力していくような雰囲気も醸し出されている。こうした動きの延長線上に想定される影響は、Ｄ10スタンダードという枠組みの創造となる可能性が高い。

ＡＩの技術開発は現実に、民間企業が開発を中断し、実証実験や運用が止まり始めている。今やＡＩ開発の現場では、自由民主主義を維持した形での技術開発をどのように行うべきかという問いへの回答なしに、やみくもに試行錯誤は続けられない現実を突きつけられている。

運用も同じだ。前述のように誤認識のリスクが高いＡＩ識別カメラを現実社会で実装しながら、技術やロジックを改善することは許されなくなりつつある。試行錯誤の過程であっても差別的な判断やプライバシーの侵害を現実に引き起こすことは、自由民主主義をないがしろにするという考えだ。

こうなると、開発プロセス、運用の在り方の両面から自由民主主義を体現するアプローチが求められることになる。

例えばＡＩと連動した監視カメラの開発と運用においては、行動分析の議論が生まれている。顔認識は行わず「乱闘」「大量の血液」「発砲」など、犯罪の可能性のある行動や状況の発生を分析し、発生を確認してから人物を特定する手順だ。ある特定の行動を分析している限りにおいては、データプライバシーには抵触しないと判断するなど、各国は様々なＡＩの開発方法や運用方法を模索し始めている。

こうした動きの延長線上として、権威主義国がプライバシーを無視してつくりあげた技術や製品の受け入れを拒否する国際標準の動きが出てくる可能性を視野に入れておくべきだろう。中国がＩＳＯの様々な検討部会（ＴＣ：テクニカルコミッティー）において議長ポストの獲得数を増やしており、影響力が高まっているからだ。

ＩＳＯの規格の協議には、標準化を協議する技術の開発プロセスや利用の方法も盛り込むことが可能だ。今後、自由民主主義国は開発プロセスや運用において、自由民主主義の観点から人権やプライバシーを保護する視点を盛り込もうとするだろう。そして中国は反発するはずだ。

予想されるのは、ＩＳＯの多数決に勝つために中国が自国の影響力を行使できる国に人材を送り込み、その国のＩＳＯの協議に影響を与えて、中国支持を取り付ける展開だ。中国は議長ポストを獲得するために新たな技術に関するＴＣの創設を積極的に行ってきた。また40代の専門人材を育成し、ＴＣに送り込んで長期間同じメンバーが参加し続けることで、コミュニティ内での人的影響力を拡大してきている。

これまでの取り組みは、まずは議長ポスト獲得による議論の主導権の獲保であった。だが、次はＩＳＯにおける多数決工程での影響力拡大を狙ってくることは確実だろう。２０２０年6月に国連人権理事会で行われた中国による香港国家安全維持法導入の賛否を問う決議において、中国に「反対」が欧州や日本などの27カ国だったのに対し、「賛成」はその2倍近い53カ国となった。

中国の意向に沿った行動を取る国は確実に増えており、中国がこうした国に対してＩＳＯへの積極的な参加を促し、ＩＳＯ人材の育成も支援していくことは確実だろう。中国に育成された国々から参加するＩＳＯ人材は確実に中国の提案を支持し、欧米からの技術提案のドラフトに対する意見表明プロセスで、連携して修正を要求してくる可能性が高まるだろう。

このような政治的思惑が交錯し、自由民主主義国家陣営のＩＳＯでの影響力が大きく低下すれば、自由民主主義国家陣営に閉じた共通規格制度の運用が立ち上がってくる可能性が高い。

Ｄ10はそうした可能性を示唆する動きである。日本企業は、Ｄ10スタンダードのような規格の誕生も視野に入れて技術開発の方向性を見定める必要があるだろう。そしてこれが第2章冒

【図表11】自由民主主義の再構築に貢献できる企業として認知されない限り、発言力は弱まり、ルール形成の土俵にも立てなくなる時代が到来する

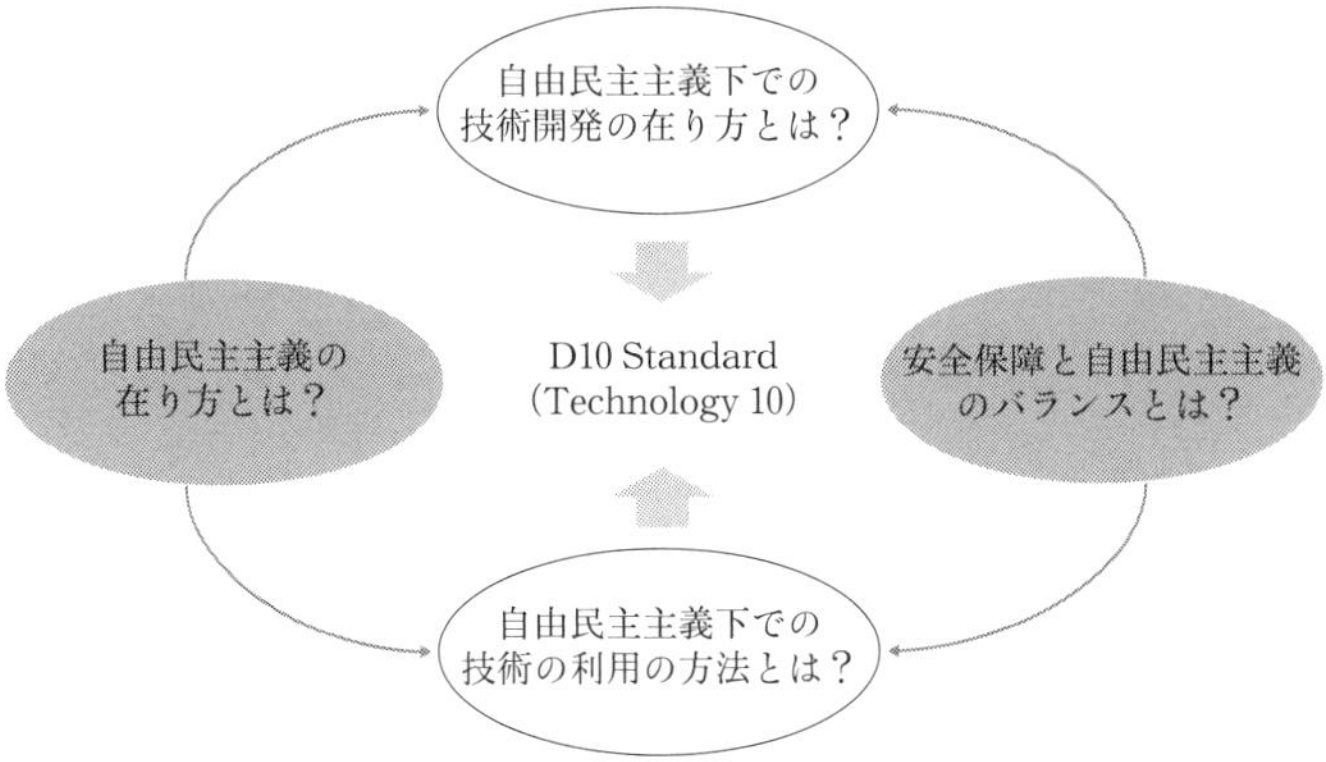

頭の話に戻るのだが、D10の技術規格は各国のインテリジェンス機関が能動的に関与して形成される。事実、既にこれを裏付ける兆候がある。2021年5月、CNASが「Advancing a Liberal Digital Order in the Indo-Pacific」というレポートを発行し、そのなかで「Technology 10」という言葉を打ち出したのだ。

内容はまさにD10の国々が連携して自由民主主義下でのデジタル技術開発を検討していくことをうたっている。注目すべきは、ISOよりもITUを重視している点だ。

これは仮説だが、合意に関してITUが「2カ国以上の反対がない」ことが条件であるのに対し、ISOは「3分の2以上の賛成と反対が投票総数の4分の1以下」でなければ合意できない。中国の多数決工作に対して、どちらも意見を通すことは難しいが、ITUは中国の提案を否決しやすい

ところに米国は目を付けている可能性が高い。

今後、D10が技術規格をリードする動きは確実に生まれてくる。そして、各国のインテリジェンス機関との関係構築は、技術規格競争において不可欠なうえに、D10スタンダードが誕生するような展開になれば、規格の検討段階での参画が競争優位を大きく左右することになる。

日本企業の研究開発部門は、各国のインテリジェンス機関との関係構築に早急に取り組みつつ、技術開発や運用において自由民主主義を維持・発展させる観点から取り込むべき要件は何かを考えることを、研究開発の主軸に据える必要がある。

【チェックポイント】

・米バイデン政権は新興技術領域での覇権を維持するために、技術標準の獲得にインテリジェンス機関を能動的に協力させる方向で動き出す可能性が極めて高い。民間企業とインテリジェンス機関が連携して技術開発や製品開発を行うことが、研究開発アプローチの主軸になっていくことを念頭に置き、日本企業はインテリジェンス機関との関係構築に取り組む必要がある。

・世界各国のインテリジェンス機関と連携して技術開発を行っていくうえで、情報漏洩リスクがないことを証明するセキュリティ・クリアランス（SC）制度が日本にないことが、研究開発力の妨げになっていく。日本で制度が創設されるまでは、戦略的にオーストラリアのＳＣ人材を活用することを検討する必要がある。

・中国は技術覇権と併せて制度覇権も目指しており、その鍵は、新興技術を早期に実装して社会課題を創り出し、新たな制度の必要性を生み出すことにある。制度覇権の主導権を獲得するためには、民間企業は社会課題を解決する力だけでなく、社会課題を創り出す力も必要になる。

・新興技術の開発に当たっては、自由民主主義の精神の発展に反しない開発方法と運用方法の在り方についても、欧米はルールを形成する。また、自由民主主義陣営だけで採用することを認める技術標準づくりが進む可能性も高まる。日本企業の研究開発部門は、技術だけでなく自由民主主義の維持・発展の思想も問われることになる。

第3章

組織風土文化の改革

民主主義と
権威主義に向き合う経営

1 民主主義と権威主義に向き合う

民主主義の体現を問われる企業

日本企業ではまだ深く認識されていないが、安全保障政策のコミュニティでは、民主主義を保護する政策の議論が活発化している。CSISでは、民主主義を守ることをテーマとした「Defending Democratic Institutions」という名のプロジェクトが立ち上がっている。権威主義国の政府から圧力を受けたり、クーデターなどの情勢に直面したりした企業の行動に対し、民主主義を体現する行動が取れているのかを問う動きも高まりつつある。ここではまず、企業が民主主義の体現を問われた瞬間を示す3つのケースを挙げる。

ケース1　2019年8月5日、香港の航空大手、キャセイパシフィック航空（国泰航空）は、香港全域で呼び掛けられたゼネラルストライキに多数の従業員が参加し、欠航が相次ぐ事態となった。しかし、同社のジョン・スローサー会長は「従業員それぞれに見解があり、（会社として）指導を行うつもりはない」と発言し、問題視しない考えを示唆していた。しかし、8月9日、中国民用航空局（民航局）は安全リスク警告を発出し、違法なデモ活動などに関わるなどした操縦士などを業務に従事させないよう要求した。これを受けて、ルパート・ホッグCEOは12日、同社と傘下のキャセイドラゴン航空（国泰港龍航空）の従業員にメールを送り、非合法デモに参加などした場合は解雇もあり得ると従業員に警告した、と報じられた。

その後、中国当局はデモに参加したキャセイのパイロットなどを暴動罪で起訴し、キャセイは暴動罪で起訴されたパイロットや客室乗務員ら約30名規模の社員を解雇した。キャセイは「香港の権利と自由を支持するが、違法な抗議活動、暴力的な活動、過激な行動に対しては容赦なく対応をしていく」と表明した。

ケース2　2019年10月、香港のデモを支持するツイートを米プロバスケットボールリーグのNBAのヒューストン・ロケッツの幹部が行い、中国から激しく抗議された。ナイキは中国の店舗からロケッツ関連グッズを撤去し、NBAはロケッツ幹部の発言に距離を置く声明を出した。この行為にペンス副大統領はナイキとNBAを「社会的良心を捨て置いている」と非難し、多くの米国企業が中国共産党への批判だけでなく、米国の価値観を肯定する発言をも封じ込めていると批判した。

ケース3　2020年10月22日、軍事政権への不満でデモが激化し、混乱が生じているタイにおけるトヨタ自動車の行動が、日本経済新聞で報じられた。同国工場の従業員に対し、現地法人の人事部長がデモに参加しないこと、SNSにデモに関するコメントを投稿しないこと、当局の命令を守ることを社内文書で通知したというのだ。通知は社外に流出してSNSで拡散され、「基本的人権を侵害している」「非人道的なタイ政府をトヨタは支持するのか？」といった非難の声がタイ国内で挙がったとされる。

トヨタの現地法人は「従業員が政治的意図を持つことを禁止する意図はない。社内通知は安全確保に努めるように促す目的で出した」とコメントしたという（『日本経済新聞』２０２０年10月22日付朝刊）。従業員の身を案じ、オペレーションを混乱させないという極めて日本的な発想にもとづく判断をしたのだろう。だが、自由民主主義の価値観を体現するという観点からは、「権威主義に加担する行為」と受け取られるリスクがあることを明らかにした事例だ。

２０２０年10月、筆者は米国政府の高官から「米国政府は中国共産党の体制を変えさせるために企業に対しても自由民主主義を体現する行動を求めることになる。日本の産業界は追随できるだろうか？」との質問を受けた。人権問題を理由とした制裁法を有しない日本においては、日本企業は日本の法律に従ったという口実を使えず、経営者が自らの判断で人権問題に対して意思を示すことになる。

日本企業は「企業は人なり」という言葉を好み、多くの企業が人を大切にする経営理念を掲げている。世界中の従業員からも顧客からも、人を大切にすることを掲げ続けてきた経営陣に厳しい視線が注がれる。

権威主義に対抗するか迎合するかを、欧米政府からは求められる時代に入ったという認識を、経営者は持つ必要がある。自社が体現すべき自由民主主義の拡大に貢献する価値表明とは何かを示すことを、新たなミッションとして加えなければならない。そのためにはまず、経営者は民主主義対権威主義の安全保障政策領域における議論を理解することが必要だ。

自由民主主義の後退

米ソ冷戦の終結とソ連の崩壊は、自由民主主義と資本主義が共産党体制に比して経済的な豊かさを手にしていく手段として優れていることを立証したという認識を世界に与えた。そして、優れていることが証明されたこのシステムを、今後すべての国が積極的に受け入れ、世界は自由民主主義と資本主義によって染められていくと、多くの人々が思いながら経済活動が進められてきた。

だが、2021年時点での現実について、エコノミスト誌の著名な調査部門で民主主義の進展度を分析している Economist Intelligence Unit の「民主主義指数」や V－Dem 研究所の分析結果を総合すると、未だに世界の国の約5割が、人口では約6割が権威主義政権下で生活している。外交論文誌はここ数年、民主主義の後退と権威主義の拡大を幾度となく取り上げ続けてきた。

グローバルに事業を展開している企業経営者は、世界の安全保障政策関係者の間に「民主主義を意識して守り、より能動的に拡大しなければ権威主義にのみ込まれる」という感情が共有されていることを念頭に置くべきだろう。そして、こうした危機感が高まっているからこそ、バイデン政権は民主主義国サミットを創設して、民主主義国の結束を図ることから着手しようとしている（2021年7月現在まだ開催はされていない）。

グローバルに展開する民間企業の各国の拠点が、民主主義を守り拡張する活動の最前線となることは確実である。

権威主義の拡大を抑えるうえで厄介な点は、民主主義や法治国家を装って拡張させてくることだ。一応、形式的ではあるが選挙を経てトップが就任するが、対抗馬にはまったく勝ち目がなく、国民から見れば選択肢になり得ないほど小さい勢力に追いやられているのが典型的だ。また、為政者が行いたいことを何でも法制化するだけで、そもそもそんな法律をつくることが国民の利益に資するのかを問うプロセスは存在しないのも常套手段である。

民主主義を悪用する知恵が広がったところに、デジタル技術の普及が国民に対する監視能力を飛躍的に向上させている。結果、反乱分子を早期に特定して駆逐する能力を手にした権威主義者の増加が、事態の悪化と硬直化を進めている。

権威主義の拡張とメカニズム

権威主義が国民によって打倒されず、民主主義に対抗できている根本的な理由は、経済成長と軍事力の拡大を続けていることにあると、世界の研究者は結論付けている。経済成長によって国民に対して政権の正統性を示し、物質的豊かさを実感させることで、多少不満があっても得られた生活を危険にさらすほどの抵抗意思を持たせないことに成功している。

さらに厄介な構図は、中国が権威主義でありながら「中国型の民主主義と資本主義」という概念を提唱し、これを欧米にとって代わるより優れた統治モデルであるとして、現状変更を試みていることだ。欧米の自由民主主義を塗り替えるほどの正当性を感じさせるように、世界に対してプロパガンダする行為自体が、中国共産党の正当性を強化するメカニズムをつくりだしている。

プロパガンダはまず、人々が意思に反して強いられている状況から引き起こされる自己矛盾の感情を自認させ、あえてストレスを感じさせる。そのうえで、この状況を受け入れることを正当化させるロジックを与えることで、現状を肯定する心理をつくりあげる。

中国共産党は経済成長の実現を通じて国民の不満を封じ込めてきたが、持続的な経済成長が難しくなってきた状況を受けて、新たな手段を検討してきた。それが、中国型の民主主義と資本主義を欧米に代わる世界の規範にする〝挑戦を本気で行う〟ことで、国民の疑問や不満を自己肯定感に転換させる戦略へと切り替えたのである。

社会心理学の認知的不協和理論によると、食事を無理やり食べさせられた人と、自主的に食べた人に感想を尋ねると、同じ食事でも無理やり食べさせられた人の方が「美味しかった」と答える割合が高くなるという。

無理やり食べさせられた人は自尊心を保つために、その行為の正当性を求め、結果として「美味しいモノを食べたのだからよいではないか」「これは自分が望んだものだった」という気持ちをつくりだし、強いられたことに屈した自分を正当化するそうだ。

中国国民にとって、不満を感じていても中国モデルが欧米に代わる世界秩序になろうとすること自体が、「自分たちは最高の統治システムの下で暮らしているのだから満足しなければならない」という自己説得を促している可能性が高い。

中国は天安門事件以降、愛国心教育を徹底してきたうえに、現在の若い世代は物心が付いた時からGDP世界第2位の中国しか知らず、大国意識を持っている。これに加えて、認知的不協和の自己正当化心理が潜在的に国民全体に働いていることを踏まえれば、国民からの突き上げも激しくなっている中国において、中国共産党が世界秩序の修正主義行動を弱める可能性は極めて低い。

さらに、中国は発展途上国や中国型統治モデルを支持する国々の代表という立場を自ら創り出し、世界の半分の国々の代弁者を装っている。権威主義体制にある国々は、中国型統治モデルが欧米に打ち勝てば、自分たちを正当化できることから、能動的に陣営に入るインセンティブも働いている。かつては権威主義国に対して米欧が経済制裁を行えば、その国の経済成長にブレーキをかけ、政権の求心力を削ぐことができたが、現在は中国が経済支援に回るため、権威主義でも経済成長が続けられ、一体化の勢いが増している。

民主主義後退ペナルティ政策の可能性

このような新しい現実を受けて、欧米の安全保障政策コミュニティでは、民主主義に対する考え方に大きな変化が生じた。「人々を解放すれば民主主義は広がっていく」「民主化運動がない場所に民主化の流れを生み出すべきだ」といった、旧来の民主主義拡大志向が見直され始めているのだ。民主主義が拡大するという前提を捨て、既存の民主主義国を権威主義国に後退させないためにはどうしたらよいか、後退を止めることに資源を投じなければならないという、新たな前提に立った政策が議論され始めている。

イギリスが提唱したG7にオーストラリア、韓国、インドを加えた自由民主主義国で構成するD10と、米国が提唱している民主主義国サミットは、既存の民主主義国が権威主義国へと後退することを防ぐ推進エンジンと解釈すべきだ。

民主主義の衰退を止めるうえで、トルコ、ポーランド、ハンガリー、インドネシア、ブラジル、アルゼンチン、フィリピンのような権威主義国に後退しつつある国々に対する能動的な関与と、安定した民主主義の基盤を有する国家間での結束の強化、この2つの活動に並行して取り組んでいくことが、米国の外交戦略の主軸になっていくことは、確実な情勢だ。

民主主義の研究で著名な外交問題評議会のシニアフェローのヤシャ・モンク氏は、『フォーリン・アフェアーズ』2021年3／4月号にて、「民主主義国家として守るべき最低限の基準を明確化し、その基準から後退する国に対しては長年のパートナーだとしても関係をダウングレードし、ペナルティを科すべき」と提言している。注目すべきは、民主的制度を覆そうとする政府高官たちにターゲットを絞り込んだ制裁を提言していることだ。

また、独裁政権の政策を批判したことを理由に、企業や組織団体が従業員やスタッフを処罰することを禁止する法律を導入すべきとも提言している。このような法律があれば、ナイキ、フォルクスワーゲン、ヒューストン・ロケッツなどの経営陣が、権威主義国政府からの従業員の口を封じることを求める圧力に抵抗するのを容易にすると、私見を述べている。

こうしたスマートな制裁案は、スマートなＥＳの推進を提言していたＣＮＡＳから登用された米国政府高官には、合理的な打ち手として受け入れられ、実際に政策になっていく可能性が高いだろう。

企業目線からの情勢把握

トヨタは世界で36万人を雇用し、連結売上高は約30兆円。日立はグループ連結での従業員数は29万人で、連結売上高は約９兆円だ。２０２０年の世界の名目ＧＤＰランキングを見ると、世界１９４カ国のうち、ＧＤＰが10兆円以上の国は61カ国しかなく、トヨタの連結売上高は南アフリカのＧＤＰ（約30兆円で42位）と同等の規模に達している。

ＧＤＰが３兆円以下の国は世界の半数を占める94カ国であることを踏まえると、トヨタや日立の経営陣はミドルクラスの国家の経済を運営し、日本の大企業は中小国の経済運営をしているに等しい。

ここに、先ほど述べた「未だに世界の国の約５割が、人口では約６割が権威主義政権下にある」という現実を重ねて、日本企業の視座に立ってみよう。民主主義国と権威主義国で従業員を雇い、顧客を抱え、両国からの人員が一緒に働く組織を率いる日本企業にとって、民主主義を保護し、民主主義を体現する行為とはどうあるべきなのだろうか。

ここでは、より現実を実感するために、「もし、本社やそれに類する重要な機能を有する施設がある国や地域が、権威主義国に侵略された場合、経営者はどのように行動すべきなのだろうか」という問いを立ててみたい。

経営者は一市民でありつつも、世界中の従業員の雇用を守り、世界中の顧客に価値を提供し続け、世界中から投融資をしてくれている株主や債権者らの資産を守る責任を有している。特定国での出来事を理由に、他国で負っている責任を放棄して一市民としての行動を優先するわけにはいかない環境に身を置いているのだ。

権威主義国の支配下に置かれた場合でも、その政権と向き合い、世界中で負っている責任を果たし続けられるように、その政権との関係を構築する必要に迫られるだろう。

また、従業員全体を冷静に見渡してみることも必要である。権威主義に断固として対峙したいと考える社員もいれば、権威主義化してもよいではないかという態度の社員も相当数存在していると見るのが妥当な現実が存在している。

先ほど紹介したヤシャ・モンク氏は、*The People vs. Democracy*（邦訳『民主主義を救え！』吉田徹訳、岩波書店）にて、米国の高齢者は3分の2が民主主義国で生きることが良いことと感じているのに対し、ミレニアム世代と言われる1980年代生まれでは、3分の1にまで民主主義国への支持が下がるという研究結果を示している。また、権威主義国を好む姿勢は、1995年は16人に1人だったが、2018年時点では6人に1人が権威主義国を支持しているという。

こうした世界の人々の心境を前提とすると、権威主義政権に対して従業員の何%がそれを心から批判し、しかも、批判的な行動に駆り立てられるのか疑問が生じる。一方で先に述べたように、民主主義国陣営はまさにこうした民主主義への冷めた事態を打開すべく、民主主義への渇望を人々に再度呼び起こし、民主主義を保護することへの協力行動を、企業に求めてくるはずである。

日本企業流の民主主義の体現とは

経営者でありながら、一個人の意思にもとづいて権威主義に立ち向かい、政権を批判し続けても、違法行為に仕立て上げられて自身が収監されてしまっては、世界規模で負っている責任を果たすことができなくなってしまう可能性が高い。従業員も、そうした行動を取る経営者を必ずしも支持するとは限らない心境に覆われている可能性もあるのだ。では、どのような行動が民主主義の体現として適切なのだろうか。

日本企業は各国の政治体制の在り方の変革をリードするのではなく、「どのような政治体制であっても、各国の社員の安全が守られ、公平な競争環境を実現するために必要な意見に、耳を傾ける政府機能が維持されるように働きかけ続ける」ことを基本スタンスにするのは、一案だろう。

民主主義国においては、進化し続ける自由民主主義の論点に対し、自社の社員が各コミュニティで建設的な議論に貢献できる人材となることが求められる。分断を煽る民主主義への攻撃が増え続けるなかで、事実にもとづき、理性的に建設的な議論ができる人材の価値はより高まっていく。自社の新入社員から役員まですべての社員が、地域社会でそうした議論をリードできるようになることが、民主主義の発展に必要とされている。

よって、ランクに関係なく、社員一人ひとりに民主的な議論や意思決定をリードする力を養わせる人材育成プログラムを開発し、取り組み続けることを、企業責任にすべきである。

一方、権威主義国においては、ポジションやランクが重んじられる。政府の高官とのコミュニケーションは、会社の高い地位にある役職者が担う。よって、会社の高い地位につく人材には、政府に対して持続的に質の高い提言を行いながら、良好な関係を維持できる能力開発が必要である。

質の高い提言とは、「社員が安心して働ける環境と、企業が成長して雇用を拡大させていくために必要な、予測可能で公平な競争環境を実現する提言」であり、時々の政策が生み出す課題について、常にこの観点から指摘することが望ましい。

権威主義政権が最優先する政策は、権威主義者にとっての平和の構築である。この点が最優先されるからこそ、政策が歪む。日本企業の幹部は、一貫した観点から適切な課題を指摘し続ける提言提案力を養う必要がある。日本企業は、そうした能力を有する企業幹部を生み出せる幹部人材教育の整備が必要だろう。

民主主義国と権威主義国の特性を踏まえた人材育成には、より大きな戦略目標を入れ込む必要がある。日本企業はどのような政治体制であっても、その国家の内部の問題、国家間の問題を「理性的に解決できる人材を世界中に増やすこと」を戦略目標に据えるべきだ。

その意図は、全世界の従業員に対して理性的に問題を解決できる能力開発を戦略的な資源配分領域とすることで、冷戦が続いても対立を激化させない人間の増加だ。これは、冷戦の長期化に不可欠な要素だ。

企業は教育研修投資も一定量、資源配分している。だが、日本流の民主主義の体現が人材育成であるとなれば、予算も戦略的な資源配分を検討する次元に位置付けなければならない。予算規模、研修コンテンツへのこだわりも人事部任せではなくなる。民主主義と権威主義の各国の拠点の実情を踏まえ、どのような教育コンテンツを創り上げていくかの議論を、経営幹部がリードしていく。当然、研修の効果をどのように測定するかというＫＰＩも、研修後にありがちなアンケートによる満足度評価などでは済まされない。

日本型民主主義の体現としての人材育成

企業では優秀な人材を必要なポジションに配置するため、否が応でも、民主主義と権威主義をまたがった人事異動を行う。二つの異なる主義をバックグラウンドとして持ちながら、共同作業を通じて目標を達成していく環境を、異なる政治体制でも緊張を生み出さずに共存できる国民を増やす機会に、意思を持って転じなければならない。

そのためには、自社の全世界の社員に対し、民主主義と権威主義の両方において役立つ基礎的能力を身に付けさせることが必要である。物事の真因を追求し、ファクトベースで考え、世論の雰囲気や権威に流されて自身の思考を放棄せず、理性的に物事を判断できる人材、意見が異なっても相互理解できるはずという可能性を信じられ、他人を尊重し、多様性を受容できる人材を増やす人材育成が必要だ。しかも、身に付けた考え方や姿勢を自社のなかだけに閉ざさず、多様なステークホルダーにも普及させることまで、社員の努力義務にすべきである。

こうした人材を世界中に増やすことで、民主主義国においては自立して理性的に思考できる国民が増え、フェイクニュースに惑わされたりポピュリズムに陥ったりするリスクが低減する。為政者の選択に際して思慮深い投票行動が取られることで、統治能力を有する政権の誕生可能性を高める。統治モデルの異なる他国に対し、力ではなく、対話を通じた相互理解への努力を支持できる影響力を発揮することを目標にすべきである。

権威主義国においては、自立して理性的に思考できる国民が増えることで、政権に対する期待感を現実的なレベルにとどめられ、国民の関心を外に向ける必要性が低減する。政治体制を与件として幸せと発展の在り方を模索する国民が増えることで、正当性を保持するための緊張を緩和できる。他人を尊重する相互理解の姿勢が浸透することで、力による現状変更を政権に望まない国民が増加し、諸外国に強行姿勢をとる必要性を低減させる、といった間接的な影響力を発揮すべきである。

このような人材が民主主義国と権威主義国に増えることで、武力行使や強い外交姿勢を求めるといった国民からの圧力が少なくなり、国民の突き上げによる緊張の高まりを回避できるようになる。日本企業はこうした影響を生み出せる人材を世界中に輩出し、国民側からの統治力をつくりあげていくべきである。これが、世界第三位の経済規模を梃子にした、民主主義と権威主義の対立回避への日本の貢献策だ。

なお、経済的なつながりが強まった国家間でも戦争が生じてきた歴史を踏まえると、戦争を回避するために企業が各国の人材育成にまで取り組むことは歴史上、初の試みとなるだろう。戦争を回避するために、企業が政府に働きかけることは当然行ってきている。だが、冷戦を熱戦にしないために、国家規模の経済力を有しているグローバル企業が、平時から企業の社会的責任として、戦略として緊張を高めないための人材を各国で育成することに取り組む。

こうした戦略的な意図を持って、日本型の民主主義を体現する人材を輩出するためには、育成カリキュラム自体が研究開発のテーマになっていくはずだ。社員が学び得たものを自分だけにとどめず、自分を取り巻くステークホルダーにも広く還元していく影響力まで身に付けさせるコンテンツを開発していくことが必要である。

このカリキュラム開発も当然、戦略資源配分領域にすべきだろう。そして何より人材育成を民主主義を体現する解にすることは、「企業は人なり」を広めてきた日本企業の歴史にも整合し、説得力の高い取り組みを展開できるはずである。

2　権威主義との対峙

建設的な討議ができる人材を世界中で育成していきながらも、日々変化する世界情勢によって、自社に民主主義の体現を迫る権威主義との対峙の瞬間が訪れることは、常に念頭に置く必要がある。ここでは、反政府デモに社員が参加し、現地の権威主義政府から解雇を命じられた場合、どのような考え方で決断すべきかについて、思考法の一例を提示してみたい。

民主主義陣営に本社を置く日本企業である以上、民主主義の維持・発展に貢献することは大前提だろう。民主主義の基本原則は法の下での平等である。そして、権威主義は得てして権威主義者に都合の良い法制度を整備し、我が国も法治国家だと主張する。権威主義者は面子を重んじるため、あからさまにすべてを禁止する法制度にはせず、違法行為があったとして権威主義者に都合の良いように運用でカバーすることが常套手段だ。

こうした前提を踏まえると、会社は社員に対し、「違法なデモへの参加は認めない」こと、「違法を理由とした治安当局からの要請があった場合には、会社は当局に協力する」方針であること、この2点を明確に伝え、合法なデモへの参加行為は禁止しないことが有効だろう。

自国の民主化を望む社員にとって、デモへの参加が自分の人事評価に影響しない環境が保障されることで、適法な範囲で実行可能な民主化への努力を継続する意思を貫くことができる。言うなれば自由民主活動の砦だ。

また、違法と捉えられる過激な行動に出る社員からすれば、逮捕された場合は会社が保護してくれないことを覚悟して実行することになる。よって、政府から違法行為があったことを理由に解雇の圧力をかけられた場合は、違法行為を理由に解雇したことを社内外に周知して政府の要請に従うことが、ルールに則った行動となる。

最後に重要なことは、権威主義国の拠点で働く社員が、会社を通じて民主主義を実感できる環境を提供することだろう。違法でない限り、デモへの参加が許される環境は、繰り返しになるが民主主義を実現するための砦とも言える。日本企業が民主主義の体現に加えて、発展にも貢献する意図を持って、民主主義国への出張や民主主義国と権威主義国のメンバーを混成したプロジェクトチームの発足なども有効である。そうした運用の工夫が、組織風土と文化を育む仕掛けになるはずだ。当然だが、新興技術分野を担当する社員は、みなし輸出リスクを踏まえる必要があるため、別途方法は検討しなければならないことを強調しておく。

3　社内に蔓延る権威主義を破壊するステップ0

　ここまで、日本型民主主義の体現、民主主義の発展への貢献策について述べてきたが、多くの読者が心のどこかで引っかかっているものがあるはずだ。それは、日本においては権威主義企業が多いという現実だ。

　日本企業の社員の多くは社長に反対意見を言えず、役員クラスの役職者によるパワハラが放置されている企業も珍しくない。有名な上場企業でもこのようなケースにあてはまることが少なくないことを踏まえれば、中堅企業に至っては推して知るべしだ。グローバル企業でありながら、本社の役員はほとんどが日本人であり、海外のトップも営業や生産など機能のトップ止まりで、経営意思決定に大きな影響を及ぼしている海外人材は驚くほど少ない。

　結果、民主的な意思決定ができておらず、「社長が決めたことだ」「社長がこう言っている」と言って非合理な決定事項でも、十分な説明がないまま「いいからやれ」と現場に落とし込むことが多い。社長や専務といったポストの人が言っているんだから仕方がない、という説明の仕方で部下を動かそうとする十分な説明能力を有していない中間管理職が意外と多い。

　なぜそのような決定をしたのか、なぜ別の選択肢ではなかったのかなど、部下や同僚に理屈で説明しない文化を放置すると、組織にはポジションに従う権威主義体質が浸透してしまいがちだ。中間管理職時代に理屈の説明を怠ってきた人物が役員になると、さらに説明や議論の文化が衰退していく。また、迅速な意思決定を優先しようとする結果、民主的な議論の場を設けない意思決定機構になってしまうことも少なくない。

特に、権威主義型に慣れきった管理職は、効率性を理由に、ポジションの高い人物に意思決定を集約させようという提案をしてくることが多い。また、民主的な意思決定をしているフリをして、単なるガス抜きプロセスを入れることが常套手段となっている企業も多い。

口うるさい人だけ個別に呼び、「大人になれ」の一言で済ませようとしたり、飲み屋をはしごするのに連れまわされて「俺もつらいんだ」と部下の同情をかって濁そうとする。さらに悲惨なのは、議論の場は設けるが、「いろいろな意見があることが分かりました。出された意見を参考に後は＊＊会議で決定します」と言って何も反映せず、フィードバックもない会社だ。

こうした組織風土文化の日本企業は、これから必要となる民主主義の体現や発展に貢献する活動とは何かを考えられないだろう。自社の組織風土文化がそもそも権威主義化していないか、客観的に分析してその傾向があれば、意志を持って、民主主義の原理原則を組織運営に落とし込む改革から行う必要がある。

組織風土文化を診断し、破壊すべき権威主義的要素を特定し、自由民主主義を経営陣が自ら勉強し、浸透させる改革プランづくりから取り組む必要がないか、このマイナス状態を改善する〝ステップ0〟を抜きに、次なるステップに取り組むことはあまりにも危険だ。

【チェックポイント】

・世界人口の半分以上が権威主義の下で生活し、米国ですらミレニアム世代においては3分の1しか民主主義支持者がいなくなっている現実を前提に、欧米は民主主義の防衛協力を日本企業に求めてくる。

・どのような政治体制であっても、各国の社員の安全が守られ、公平な競争環境が実現されるように、建設的な意見を聞き入れる政府機能を求め続けるべき。また、いずれの政治体制であっても建設的な議論ができる人材の育成を、戦略的な資源配分領域にすべき。

・自由民主主義国と権威主義国の間の溝を埋めるために、両国の従業員が交ざり合う業務環境や、権威主義国の社員が自由民主主義国で勤務する経験を与えることは、冷戦下での緊張を緩和する建設的な議論の基盤をつくることになる。

・自由民主主義の発展に貢献することが求められる世界情勢のなかで、日本企業のオーナー社長体質、迎合主義、ポスト崇拝主義といった文化・風土は、権威主義の助長につながる。自社が権威主義化していないかを診断し、社内の自由民主主義化への取り組みを早急に実施する必要がある。

第4章

経営管理の進化

30年経営・チャイナサイクル・脱GDP

1　ESリスクを織り込んだ30年経営の必要性

冷戦後の存続を射程に

米中冷戦を長期化させるということは、少なくとも30年は冷戦環境を自ら望んで歩んでいくことになる。今年の新入社員は退職するまで、ずっと冷戦下でビジネスをしていくことになる。これから入ってくる新入社員は、我々が経験してきたグローバル経営とはまったく異なる環境下で、企業の持続的な成長策を模索していくことになるはずだ。

重要な点は、冷戦後の成長軌道まで見据えて冷戦期を乗り越えなければ、冷戦下で企業の寿命が尽きてしまう。冷戦が始まった今、企業は米中をまたがってどのように事業を行えばよいか、右往左往し始めた状況にあるが、米中冷戦の終結後を見据えた事業構想を練っている経営陣はいないだろう。

また、これからはある程度の頻度で米中間の衝突が生じ、日本も巻き込まれて外交問題に発展する事態が多々あるだろう。中国からの報復で製品の輸出停止や不買運動、工場への破壊活動などが断続的に起こり続けることも想定しておく必要がある。欧米も、日本企業への制裁を容赦なく繰り出してくるはずだ。

２０２１年５月には、ファーストリテイリングが展開する衣料品チェーン大手「ユニクロ」

の綿製シャツが、中国・新疆ウイグル自治区の強制労働をめぐる米国政府の輸入禁止措置に違反したとして、米税関・国境警備局（CBP）が21年1月にロサンゼルス港で輸入を差し止めていたとロイターが報じた。こうした事象が生じて事業計画が狂うリスクを見込むことは、米ソ冷戦下では経験しなかった新しい経営環境だ。

我々は戦争ギリギリまで行われる経済戦争という未踏の環境下で、経営を強いられ始めたと現状認識を正す必要がある。その本質は、企業経営者の意思や顧客ニーズによって業績が左右されるだけでなく、ESによって特定企業もしくは特定製品を狙い撃ちされ、破壊的なダメージを受ける可能性があるということだ。

相手国にメッセージを伝えるのに十分な、懲罰的意味合いを感じる打撃を与えることが、ESの鉄則である。自国に都合の悪い特定の政策に取り組んでいる政府高官や政治家に、強い影響を与えられる特定の産業や企業、場合によっては個人に対して制裁を発動し、苦境に追い込む。こうしたやり方で外交メッセージを的確に伝え、自国に望ましい政策に変えさせる攻撃の応酬が、30年以上続くのである。

ESへの無反応

ゆえに、経営陣は短期的な業績目標を確実に達成することが難しく、狙われたら最後、被害を最小化する努力しかできない。だからこそ、経営者はブレ幅が大きくなる短期の業績ではなく、長期の持続的な成長にコミットした経営が求められる。

今後、資本市場にはＥＳリスクが定着し、今期はＥＳによって利益が大幅に減少という言葉が当たり前に使われるかもしれない。今こそ、冷戦後の成長を見据えた30年経営が必要だ。

ＥＳリスクを織り込んだ30年経営を行うことは、冷戦の長期化および平和裏な終結という大戦略とも整合し、相乗効果を生むことも期待できる。ＥＳの発動に伴う短期的な業績変動に一喜一憂せず、攻撃に対して冷静な対処を可能にする。

ＥＳが発動された場合、表では原因をつくった政府の政策を批判せず、企業努力によって耐えようとする姿勢の維持が重要だ。そのうえで、水面下では政府に対し、可能な範囲での経営支援を求める連携に徹することだ。

ＥＳに巻き込まれたということは、ＥＳの対象にされた企業や業界と関係がある政府関係者や政治家に対し、圧力をかける材料として有効であると認識されている証左である。ＥＳのターゲットになった企業や業界が不満の声を挙げ、政策を見直させるプレッシャーの材料になってくれることを期待されているのだ。ＥＳ発動者の思惑通り反応することは、ＥＳ発動の有効性を知らしめ、ＥＳの応酬を激化させる。

ゆえに、ＥＳによって影響を被る可能性を念頭に置き、短期的な業績の悪化を乗り越える30年経営が必要だ。30年経営に各社が取り組み、ＥＳ発動リスクへの対策を強化することで、政府は政策の自由度を確保することが可能となる。ＥＳの効果を限定的な影響にとどめることができる30年経営は、大戦略である冷戦の長期化に貢献する。

30年経営の資源配分とルール形成

現在、企業の長期計画は10年が最長だ。どうやったら30年経営ができるのか。それは、今から30年後に開花させる事業に資源を投じ始め、30年間それを続けることだ。10年、20年、30年という単位で、事業のポートフォリオを管理する必要がある。

30年後の事業に携わる人材が、30年間に売上を上げずに研究開発や仕掛けだけに取り組むわけではない。投資は30年先を見据えるが、人材はそれぞれの時間軸の事業をまたがって兼務し、向こう10年間の事業に8割、残り2割を20年後と30年後の事業にそれぞれ10％ずつ配分する。週40時間の業務時間とすると、社員は週4時間ずつ20年後と30年後の事業に時間を費やすイメージだ。

短期経営に陥っていると言われている日本企業において、20・30年事業とは具体的にどのような事業なのか、イメージすることが難しくなっている。

例えば、ハイブリッドカーは、トヨタが1997年、ホンダは99年に販売を開始したが、2008年までは両社合わせて年間10万台程度の販売にとどまっていた。2009年、エコカー補助金など制度面の後方支援がスタートして45万台にまで跳ね上がった。2012年にはようやく年間80万台まで伸びて、国内新車販売台数の約26％を占める事業へと成長した。発売までの技術開発期間と合わせれば、ハイブリッドカー事業はまさに20年事業と言える。

バイデン政権となりカーボンニュートラルの方向に世界が舵を切り、水素産業が改めて注目され始めた。実は日本の水素政策は２０１３年から本格的に動き出しており、既に10年近くの月日が経過しようとしている。２０１３年から必要性を議論している技術に、Power to Gasという余剰電力をガスにかえて貯蔵・利用する仕組みがある。日本ではまだ大規模な実証実験も十分に行われていないが、ＥＵではドイツを筆頭に実用化が進み始めている。

これを日本で実現するためには、政策協議だけでもあと5年を要するだろう。そして十分な事業規模に育つまで、再エネの普及も合わせると最低でも今から20年はかかるはずだ。２０１３年から数えれば、Power to Gasは30年事業として取り組むことになる。

同じく、２０１３年から可能性が騒がれていた技術に、太陽光を光触媒が吸収して水を水素と酸素に直接分解する人工光合成がある。これは、２０２０年に実用レベルまで技術が進歩したことから、今後20年かけて国内の水素需要を満たせるだけの水素製造能力の配備を目指す事業だ。そして30年後にはこの技術を使い、世界中で太陽光による水素製造が行われ、クリーン水素の国際取引市場が実現されているはずである。

20・30年事業は革新的な技術開発の時間と、その技術を活かす社会システムへの変革も強いるものでなければ、巨大市場とはならない。社会システムを短期間に変革することは困難である。20・30年事業への取り組みは、長時間を梃子にでき、巨大市場の創造も期待できる社会システム変革も仕掛ける方が適している。社会システム変革にはルール形成が必要なことは言うまでもない。自社の技術を活かせるより高度で複雑なルールへと変革を仕掛けることで、冷戦の長期化に貢献することが可能となる。

2 チャイナサイクルという概念創造の必要性

シリコンサイクルのアナロジー

企業経営において業績が低下する状態を、あらかじめ株主が織り込み、しかもその責任を問われないのは有り難い。実はそんな事業が存在している。業績の悪化は経営者の能力ではなく、その業界固有のリズムであり、悪化をいかに最小限にとどめられるかが経営者の力量として評価される事業。それは半導体事業だ。

半導体業界では、過去数十年にわたって半導体製品、半導体製造装置ともに、2年前後の需要の大きな好況期と、その後続く2年間の供給過剰な不況期を周期的に繰り返す「シリコンサイクル」という景気循環が常識として定着している。

デジタル機器の市場が拡大し、供給が需要に追いつかない好況期が訪れると半導体メーカーは一斉に生産設備の増強を行い、1年半から2年後に生産が軌道に乗って各社から大量供給され始めることで、一気に値崩れが起こることを繰り返してきている。投資家はもはやこのサイクルを織り込み済みであり、経営者はこのサイクルから脱却することすら期待されていない。

今後、国家間で生じる外交問題により、緊張が高まる都度、中国事業では不買運動やＥＳ発動があると想定される。入管手続きの遅れや、サンプル検査で基準値を超える化学成分が検出されたと言って工場を立ち入り検査し、指導と称して操業を一定期間停止させる。ＥＳによって計画通りの売上が達成できなくなる頻度が高まっていくはずだ。

ウイグルでの強制労働の報道を懸念していると、〝報道への懸念〟を表明しただけであったＨ＆Ｍは、最終的に中国国内での不買運動と併せて、アリババグループの電子商取引プラットフォーム「天猫（Ｔモール）」からも姿を消した。同様に懸念を示していたナイキも含め、両社と契約していた中国の歌手や芸能人からは契約解除の動きも起きた。

ユニクロも２０２０年８月に人権問題を懸念する報告書を出していたが、Ｈ＆Ｍの不買運動が開始された21年３月のタイミングで、広告に出演している中国人俳優３人が「祖国の利益が優先だ」「悪意あるデマを阻止する」と主張し、契約解除を発表した。

一般消費者向けのＢ２Ｃの消費財でかつ、中国国内企業によって供給の代替が可能な商材は、不買運動が容易である。Ｂ２Ｂの場合は２０１２年の尖閣問題で生じた暴動が参考になる。日本企業の工場を破壊する行為が発生した結果、供給能力を奪われて売上の低下が引き起こされた。今後、米中冷戦が30年以上続くことを前提とすれば、中国市場向けのビジネスにおいて１年間、３６５日安定して工場が稼働し、需要が存在し続ける前提で事業計画を立案することは、あまりにも楽観的すぎるだろう。

1年のうち4カ月程度は外交問題の余波を受けて売上が激減するリスクを、中国事業特有のリスクとして「チャイナサイクル」といった概念を形成し、ステークホルダーの間で新たな常識にしていくべきだ。不買運動や暴動による事業の停止を一定期間あらかじめ織り込めば、在庫の滞留もしくは不足を念頭に置いた他市場での吸収や、事前の兆候をつかんで早めに生産を止めて被害を最小化することも、行いやすくなるだろう。

事前に予測すべき中国のES

国際政治の日程や安全保障政策を立案している各国のシンクタンクから出されるレポートを日々ウォッチしていれば、次に中国との間で揉める可能性が高いテーマは何かを予測することはある程度可能である。今回のウイグル問題は、オーストラリアの戦略政策研究所（ASPI：Australian Strategic Policy Institute）が「Uyghurs for sale」というレポートを2020年3月にリリースしたことから始まる。これを受けて国際政治が動き出してから、米国やEUでのジェノサイド認定の議論まで1年を要している。

この間、中国共産党と民主主義諸国間の交渉の在り方の改革を目的に、民主主義諸国の国会議員たちによって相次いで「対中政策に関する列国議会連盟（Inter-Parliamentary Alliance on China）」が設立された。人権問題を理由とした対中制裁の発動が協議され、各国でそのための法整備の協議が進み始めたことからも、中国の強い反発は十分に予想できていた。当然ながら、議論されている問題に関係する企業であれば、影響は予想できるはずだ。

真の問題は、不買運動や暴動で工場が停止した結果、それが全社に大きな損失をもたらすというリスクシナリオの不備だ。また、不買運動によって落ち込んだ業績の責任が従業員や経営陣に課せられる評価の仕組みも不合理である。ましてや、株価の下落などは、投資家の中国リスクの予測が甘いことにも問題がある。

だが、予見可能な中国市場での中国政府による攻撃によって生じた被害が、リスクとして想定されていなかったために、グローバルビジネス全体に波及して二次被害が引き起こされ、それによって生じた損失には、経営陣は責任を負わなければならない。そして株主も、不買運動による損失と、経営陣の責任である予見の不備によって引き起こされた損失を分けて、株主代表訴訟など適切な責任追及を講じるべきだ。

事実、米中冷戦によって深刻度が急激に高まった世界的な半導体供給不足と、それに加えて発生したルネサスの火災で、自動車各社は生産計画の減産を余儀なくされた。だがトヨタ自動車はこうした事態を可能な限り予見し、前もって平時の4倍もの半導体在庫を確保しておいたことで、供給不足の被害を最小化することに成功した。

二次被害を軽減するためには、自社だけでなくサプライチェーン全体で中国事業のリスクを共有し、各社がリスクシナリオを構想しなければならない。トヨタは、サプライチェーンに関係する幅広いステークホルダーとあらかじめ広範囲なリスクを共有していたのである。

各社が個々に、中国政府からの攻撃リスクによる事業停止への備えをその都度依頼していくことは、運用の手間も踏まえると困難である。ゆえに、ステークホルダー全体で「チャイナサイクル」という冷戦リスクによる事業停止期間を概念化して共有し、年間8カ月程度しか売上が上がらなくても、サプライチェーンの参加者全体が利益を出せるビジネスモデルを構築しておくことが有効である。

4カ月は中国市場の売上がほぼゼロに落ち込む、中国からの重要な原料や部品の供給が止められる、工場に立ち入り検査が入り運営を止められる、基準値を超える化学薬品の成分が確認されて出荷停止命令が出される、といった事態を「チャイナサイクル」と位置付け、その都度パニックに陥らず、それでも利益が出る財務構造をつくることに取り組むべきだ。

なお、4カ月以上にわたって売上ゼロの状態が政府主導で続けられた場合は、もはや中国が自国生産に切り替える、あるいは代替品に置き換えることを国民に促す国家意思が示され、市場が閉じられたと捉えるべきだろう。

そもそも中国は、米中冷戦を受けて他国に頼らない自立したサプライチェーンの構築を目指しており、徹底した内製化を目標としている。チャイナサイクルを事業計画に落とし込もうとすると、ＲＯＩやＲＯＥはもちろん、そもそも資本コストの考え方も他国の事業と同じでよいはずがない。中国事業の財務管理については第5章で論じる。

3 求められる脱GDP

GDPの利用が引き起こすリスク

2020年12月、英有力シンクタンクの経済・ビジネス研究センター（CEBR）は、中国の経済規模が従来の予想より5年早い2028年に米国を抜き、世界最大になるとの見通しを示した。新型コロナウイルスのダメージからの景気回復の速度が、米中両国の間で大きく異なることを考慮し、影響を分析したとしている。

中国研究者は、「中国はGDPの順位を非常に重視しており、GDPで米国と肩を並べつつあることが、中国の挑発的な行動をより強硬にしている」と口を揃える。

しかも、中国研究者によると、中国はコロナ禍を第三次世界大戦に位置付けており、世界で最も早くパンデミックの封じ込めに成功した自分たちは戦勝国であると自認しているという。戦勝国なのだから第二次世界大戦後の米国と同じように、この第三次世界大戦後の国際秩序の創設をリードしなければならないとの認識も形成されているという。

こうした状況を踏まえると、GDPの存在そのものが冷戦を熱戦にする要因になりかねない。そうだとすると、米国は近い将来、GDPを用いて国力を評価する仕組みを見直し、GDPに代わる新たな指標にもとづく比較によって中国の位置付けを低下させる可能性があるのではないだろうか。

着々と進んでいる脱GDP

この仮説が一考に値する理由が存在する。既にフランスはGDPでは世界から大国としての評価を得られないと判断し、国の力を測る新たな指標を打ち出そうとしたと言われている。2008年にニコラ・サルコジ仏大統領が提言した幸福度指標がそれである。

サルコジ大統領は自身の諮問機関として、経済学者のジョセフ・E・スティグリッツ、アマルティア・セン（ともにノーベル経済学賞受賞者）、ジャン＝ポール・フィトゥシの3人からなる、経済成果と社会進歩の計測に関する委員会（the commission on the Measurement of Economic Performance and Social Progress、以下スティグリッツ委員会）を設立した。

スティグリッツ委員会が2009年に発表した報告書は、複雑な社会を単一の指標で評価することは困難であり、複数の指標で評価する方式を提案した。「どのような指標を入れるべきかを決める議論こそが、民主主義にとって重要だ」という考えを打ち出したことに価値があると言われている。結果、世界各国で政府主導の新たな統計尺度の設計や、幸福度指標を政策過程に取り入れる動きが広がった。

OECDでは2011年から幸福度指標としてBetter Life Indexが設けられ、国家間比較が行われ続けている。2021年現在、幸福度指標はGDPを代替する指標としての地位を獲得するには至っていない。だが、多くの市民団体が尺度や測定システムの変更について意見を表明する機会を創り出し、研究を継続させる原動力として大きな役割を果たし続けている。

面白いことに、2020年10月、WEF(Word Economic Forum:世界経済フォーラム)で「Beyond GDP」というイニシアチブが立ち上がった。新型コロナウイルスの流行によって、ビジネスリーダーの収益を優先する行動が多くの失業を生み、売上と利益を最優先する資本主義の在り方に疑問が呈され、GDPに代わる指標が必要という考えから立ち上がったものだ。

既に述べたOECDのBetter Life IndexSocial IMPACT ProgressSustainable Development Scoreなど、非営利団体によって国を多様な指標でランク付けする取り組みが進んでいる。昨今の情勢は、最適な指標の選択へと、そろそろ絞り込みのフェーズに入り始めている。

企業においては1980年代までは売上、90年代に利益、そして2000年ごろからキャッシュフロー、時価総額、ROE、ROA、EVAが浸透し、08年ごろからサステナビリティ、15年ごろからESG投資と、重視する経営管理指標や投資方針は変化し続けてきた。今やESG投資の重要指標であるMSCI(Morgan Stanley Capital International)指数は、企業の資金調達に際して最重視しなければならないものになっている。

GDPの構成要素である企業が5~10年単位で重視する評価指標を抜本的に変化させてきた歴史を踏まえれば、脱GDPは本気になれば非現実的なことではないはずだ。

脱GDPの浸透策

GDP以外の新たな指標を浸透させる方法として、国だけでなく、企業への働きかけも有効である。企業による成長市場の評価軸をGDP以外の指標にするように、コンサルタントや経営学者に脱GDPの検討を促すのだ。企業は市場に自社の強みが活かせるか否かを分析して成長の可能性を見出し、投資をしていく。

国家や都市の市場の魅力度は、過去数年間のGDPの成長率と向こう5年程度の成長見通しを用いて評価することが一般的だ。この市場魅力度の評価指標を、GDP以外にすれば、企業内のコミュニケーションからGDPという言葉を消すことが可能になる。「もはや市場分析にGDPなど使わない」という常識を創り出すことで、企業に勤務する一般市民のGDPに対する重要性を押し下げることは、比較的容易なはずだ。

OECDによると、そもそもGDPは1930年代に世界恐慌から脱却する際に、大恐慌の間に失われた経済規模を測り、戦争を遂行するために必要な軍事予算をどの程度まで国家財政が許容できるかを把握するために作成されたという。

すべては何かの目的に用いるためにつくられた指標でしかない。GDPによる国力の比較という概念を打ち消すことによって、中国の過剰な自信を削ぎ、大国としての振る舞いを求める国内世論を沈静化できるのであれば、今のタイミングで民主主義連合がGDPの使用を止めることは有効なはずだ。

実は脱GDPは中国にも都合が良い可能性が高い。集団指導体制で慎重につくりあげてきた建国100周年の2049年をゴールに据えた国家の発展計画にとっては、新型コロナウイルスの流行によって予定よりも早く米国をGDPで上回ることは、計算外だったかもしれない。中国も予期していなかった展開であった場合、GDP以外の要素で設定していた目標は、中国が当初描いていた到達点には行き着いていないはずだ。

2018年から米国が繰り出した先端技術輸出規制によって、既にGDP以外の要素の一つである技術力向上の速度を、一時的に減速させているはずである。米国の対中戦略の大胆な転換を受けて、国内生産比率の抜本的な向上を目指す計画に切り替えたり、内需主導型に切り替えたりするなど、計画の変更を強いられていることは確実である。

GDP以外の要素が当初計画に比して未達なままで、国民から中国共産党に対して大国としての振る舞いを求める突き上げが強まることは、指導層としても避けたいはずだ。

GDPに代わる指標の条件

問題は、どんな指標にすることが冷戦の長期化に有効かだが、その答えは明確だ。国内の多様な社会課題の解決に投資を促すことが、軍事力への投資体力を奪うことにもなる指標だ。

経済規模を拡大させるために、国からの要請で企業が投資をしなければならない領域が増えれば増えるほど、企業は簡単には成長できなくなる。工場で利用するエネルギーの再エネ比率の向上や、使用した工業用水のオフセット、人権に配慮した調達、女性雇用率や幹部への登用率の引き上げなど、多様な社会問題の解決を促す高度な仕組みの構築を必要とすることで、成長や拡大速度を減速させることになる。

このように、企業が仕組みとして実現しなければならない投資対象が多ければ多いほど、その投資を管理する業務も増え、経営管理コストが増大する。また、サプライチェーンに対する責任を各社が負うことで、自社に閉じない管理業務を生み出し、よりマネジメントを複雑にさせることが可能となる。

そして、国内でのこのような企業活動の総体が国家の評価に反映される指標にすることで、国家の課題を企業の力で解決させ、その分、企業の成長は減速し、国に入ってくる法人税は減少することになる。当然、税収が減収になれば、軍事予算の原資も削減できる。

国が税金を集めて行う多様な社会課題解決を、民間企業に担わせる指標にすることで、企業に経費勘定で社会課題解決に必要な支出を行わせる。結果、税引き前利益が減少して法人税が減り、軍事予算の原資となる国家の税収を減らすことになる。税収は確かに減るが、一概には言えないが、テーマによっては政府よりも効率的に社会課題を解決できる企業に委ねることで、政府が税金を集めて配分するよりも質の高い社会課題解決策も期待できる。

その意味で、ＯＥＣＤやほかの非営利団体が進めている指標の多様化は、非常に実用的であり、国民にとっても有益な成果をもたらすと言える。

CFOの限界を踏まえた取り組み方法

このような前提に立つと、経済第三位である日本の企業は、冷戦の長期化を実現するために、ESGやSDGsへの取り組みを評価する指標を能動的に経営に取り込み、取引先にも利用を促していくべきである。自社の取引先の評価基準に、社会課題解決への投資を評価する指標を導入し、調達力という日本企業の影響力を産業界全体が発揮していくべきだ。

これまでは、投資家から言われるので仕方なく行うという消極的な姿勢で取り組む企業が少なくなかった。米中冷戦を長期化させる大戦略に、自社が貢献する具体的な行動として、調達を通じて世界の企業活動に影響を及ぼす意思こそが必要だ。

当然、能動的に新たな企業評価指標や市場を評価する指標のダイアログに参画し、指標の開発と定着をリードすることも、冷戦の平和裏な終結に貢献する活動になる。だが、これが簡単なようで難しい。日本企業では、経営管理指標に責任を負うCFOの影響力が、社長や事業部長に対して強くない。そのため、CFOが独自に検討した指標を能動的に事業部門が受け入れることは稀である。

経営指標を見直す多くのパターンは、CFOが自社の外国人投資家の意見として「最近は海外の機関投資家からこういうことを聞かれることが多い」と説明し、受け入れざるを得ない雰囲気をつくりあげて経営陣を納得させるのが典型的だ。

このような構図に陥っている理由は、日本企業のＣＦＯが経理や財務部門出身が多く、事業部門からの登用が少ないという特徴がある。欧米企業では事業部門を経験し、海外での事業経験もしてからＣＦＯに登用されているのが一般的だ。事業の前線に出たことがないＣＦＯは、「新たな指標を入れることで現場が混乱する」などの抵抗を示されると説得を躊躇することが多い。基本的に新たな経営指標を導入すると、経営から現場まで含めて、その指標に適した経営システムの再構築が必要になる。

その情報を収集するために新たに入力しなければならなくなるデータの追加や、帳票の設計が必要になり、業績評価に新しい指標を入れるのであれば当然、人事評価制度にも連動させることになる。どの役職のどこまでは、どの数字に責任を負うかを決めることも必要になる。こうした多様な部署との検討や、難度の高いシステム改革投資も、可能な限り先延ばししたいという思いにも駆られる。

このような内情を踏まえると、新たな業績評価指標開発への能動的な関与は、財務部門主導ではなく、冷戦の長期化を経営戦略に織り込む必要性を認識しやすい、経営戦略や企画を担う部門がリードすることが有効だろう。そして、脱ＧＤＰの議論が高まってきた場合には、新たな指標を積極的に導入し、ＧＤＰという言葉を社内で使用しない習慣を、世界の全拠点に浸透させていくことが有効だ。

【チェックポイント】

・30年を超える可能性がある米中冷戦を生き延びるためには、米中冷戦後の成長を見据えた経営資源配分を行う超長期経営が必要である。向こう10年間の事業に8割、残り2割を20年後と30年後の事業にそれぞれ10％ずつ配分し、長期だからこそ狙える社会システム改革を前提とした革新的な事業創造に挑んでいくべきである。

・特定企業に対して中国から懲罰型制裁が発動される頻度が増えることを前提に、中国事業は年間8カ月で採算を管理するチャイナサイクルという概念形成を、サプライチェーン全体で行うことが有効である。

・中国の世論を、米国との緊張へと煽る要因になり得るGDPという指標が消し去られる可能性を念頭に、多様な社会課題の解決量を評価する指標を能動的に受け入れる。経営資源を多様な領域に分散させることが、企業の成長を遅らせることになるが、冷戦の長期化には貢献するという認識を持つ必要がある。

第5章

財務戦略の役割

ルールづくりのリーダーに

1　新しいファイナンス論が必要になる中国事業

市場が閉じる可能性がある事業価値評価

中国は2020年4月の習近平による講話で「肝心な時には自国内のみで循環でき、極端な状況の下でも経済の正常な運用を確保できるようにしなければならない」という方針を打ち出した。

そして同年5月、中国国内では地方政府に対するIT機器調達に際しての指針として、「安可目録」という企業選定条件を記した文書が広まっているという情報が、日本国内でも聞かれ始めた。中国政府は公式には存在を認めていないが、日本政府は企業に警戒を呼びかけた。

安可目録によると、IT機器製品の調達を認める企業の条件として、①非外資であること（外資比率が20%以下で、社長と配偶者が中国国籍であり中国で販売実績が3年以上あること）、②中国で生産していること、③中国で設計・デザインされていること、④自社で製品機能の試験が可能であること、⑤アフターサービスが可能であること、と記されているという。

中国は2015年に「中国製造2025」を発表し、半導体の自給率を2025年に70%に引き上げる目標を掲げたが、半導体以外でも着々と内製比率の向上を目指していることは明らかだ。事実、あるエレクトロニクス製品では、日本企業が中国市場でのシェアを急激に失い始めている。筆者が分析した結果、2026年には日本企業の市場シェアはゼロに近い水準にまで低下する可能性も十分にあり得ることが分かった。

この製品は中国では数年前まで中国資本の大手はおらず、日本企業が高いシェアを誇る状況が続いていた。だが、この2、3年で国内の中小企業が一気に集約されて統合し、米国企業の中国工場などを買収して非連続な規模で拡大し始めた。

明らかに国家の意思が働いており、これまで日本企業が納めていた一部の取引先は契約が奪われ、新たな契約元になった中国企業から、その企業のブランドでの委託生産を求められるようになった。契約に当たっては、自社のブランドを使用することを理由に工場の視察等が条件に課され、仕様や品質を維持するために工夫している取り組みなども、開示要請に従わざるを得ない状況になっているという。

こうした状況を踏まえると、おそらく、中国企業が十分な供給能力を築いたタイミングで委託生産契約が打ち切られ、その時には中国市場から締め出されることは確実だろう。

この製品を取り扱っている日本企業にとって最善の選択は、供給能力を早急につくりたいと思っている中国企業に対し、工場やメンテナンス拠点を高値で売れる早いタイミングで売却して撤退することだ。これが最も高くキャッシュを回収できる方法となる。

問題は、こうした状況を経営陣に報告しても、〝今そこにある危機〟として実感されず、なんとか中国市場で生き残る策を見出そうと、事業部門が戦略なき迷走に陥っていることだ。

こうした置き換えリスクが見込まれる製品を生産する企業が、中国企業に完全に置き換わってしまって撤退させられるのか、20％にまで出資比率を引き下げられて、組織体制やオペレーションに関するコントロール権を中国国籍の人材に与えることで、存続が許されるのかは分からない。だが後者の場合は、連結利益が20％にまで減少し、市場シェアも確実に減らされるため売上と利益は大きく減少するだろう。

しかし、こうした前提を置いて中長期経営計画を立案している日本企業は、現時点では皆無である。もっと言えば、どの企業もこの前提を置くこと自体がタブーとなっていると言った方が正しい。特に事業部門主導でこの議論を持ち出すことは難しい。最悪の事態を回避できるアイデアを捻り出し、生き残る代替案を考えてから上申しろと言われるに違いないと、中国事業担当者が認識しているからだ。

ゆえに、資源配分の許可を与える財務部門から中国事業部門に対し、市場が閉じられるリスクの把握と閉じられる場合のシナリオも含めた計画を立案させる働きかけをする必要がある。最悪の事態に陥った場合の財務ダメージを最小にする打ち手を、早めに検討させることが必要だ。

特に、生産キャパシティを必要とする中国企業に売却する場合は、タイミングが早ければ早いほど高値での売却が可能となる。また、売却への関心を探る交渉を中国企業に持ちかけてみることで、反応を通じて市場を占有する意思をどこまで強くしているのかが分かるはずだ。企業規模に比して買収資金にまったく困る様子がなければ、既に政府の支援が始まっていることを意味する。交渉してみることで、様々な判断材料が見つかるはずだ。

中国事業に加味すべき資本コスト

安可目録や市場が閉じていくリスクを前提に中国事業を捉え直すと、そもそも中国事業の資本コストはどのように設定することが妥当なのか、という論点が浮かび上がる。資本コストは業種によって異なるが、概ね5~10％程度の幅で計算されるのが一般的だ。地域固有のリスクもあるため、地域によっても資本コストは異なる。

信託運用している金融機関などが日米欧中を比較する際は、中国の資本コストは最も高く見積もられており、12％程度で評価することが妥当という認識を持っているようだ（「資本コストと企業価値」『三菱ＵＦＪ信託資産運用情報』２０１５年６月号）。

だが、これからの中国市場は、①20％にまで出資額を引き下げさせられる可能性、②市場が政府の意思によって閉ざされる可能性、③計上した利益を日本に持ち出せずに再投資が中国国内に限定される可能性、を加味する必要がある。第４章で論じたように、米中冷戦によって外交関係で緊張関係が高まる都度発生する不買運動や、品質検査や消防法の点検での指摘などにもとづく業務停止命令などにより、通常の営業が見込めない期間が毎年４カ月程度発生するといった④チャイナサイクルのリスクを見込む必要もあるだろう。さらに、第６章で詳細は解説するが、⑤会社内につくられた共産党員による党組織が予期せぬ暴動や不正会計などを行い、企業へのダメージを引き起こすリスクも考慮する必要がある。

この①から⑤までのリスクを織り込んだ場合、中国事業の資本コストは何％が妥当なのだろうか。こうした議論は、最新の経営理論の研究に取り組んでいるハーバード・ビジネス・スクールでもまだ始まっていないようである。

中国事業は中国資本との合弁であり、多くは国家資本が合弁相手だ。中国は2049年の中国建国100周年に向けて偉大な復活を成し遂げるという国家戦略目標にもとづき、事業の発展を目指している。そのような国家資本には、資本コストなどという概念が存在しないに等しい。獲得したい戦略目標に対しては、戦争を引き起こして手に入れる場合のコストと比較して合併を判断するため、中国からは市場から大きく乖離した価格が提示されるのだ。

「超限戦」という戦略コンセプトにもとづき、「非戦争下における戦争行動」まで全国民に実践させている中国にとって、戦争コストより安上がりであればよいという、別次元のハードルレートも使われているのだろう。そのような中国の国家資本との合弁において、日本が20％の持分の採算について、資本コストを振りかざして議論しようとしても、聞く耳を持たれないことは容易に想像がつくだろう。

一方で、日本企業が投じる20％の資本は、その多くが東京証券取引所やニューヨーク証券取引所から調達した資金である。これらの資本市場の株主は、適切な資本コストを上回るリターンを求めて自社に投じている。今後、中国では5つのリスクがあること、国家資本の考え方に引きずられることを踏まえると、中国事業用の合弁資本は中国の資本市場で調達すべきなのかもしれない。

財務部門は事業部門に対し、中国市場が閉ざされる可能性を検討させ、それを踏まえた事業計画の策定を求める必要がある。5つのリスクを織り込んだ中国事業の資本コストについては、財務部門として独自に投資ファンドや投資銀行とのディスカッションを通じて情報収集を行い、中国の資本市場で調達すべきかどうかを検討し、必要に応じて資本政策の見直しも検討していくべきだろう。

2　パンデミックを前提とした財務管理

中国型統治モデルを押し戻す必要性

新型コロナウイルスの流行は、世界が備えるべきと言われていたパンデミックリスクは本当に準備しておくべき蓋然性の高いものであったという、新しい現実を突きつけた。ワクチンが開発されるまでの時間も1年程度を必要とし、その間に出され続ける行動制限下においても企業が存続できる財務基盤をつくりあげる必要性を痛感させた。

中国はこれを好機と捉え、パンデミックに対して自国がつくりあげてきたデジタル監視社会を、欧米よりも優れた統治機構として広めようとしている。外出制限下での住民の動きを把握し、感染者の追跡管理を効率的に実現する情報インフラは、自由民主主義国であっても構築しておくことは必要である。問題は、この情報インフラを使ってどこまで国民を監視して私権を制限するかを決める政治決断の難しさにある。

この点を中国は的確に認識しているからこそ、「中国には中国型の民主主義がある」という声明を出し、情報インフラの良し悪しと、それを導入した国が実際にどう統治に用いるかという問題を切り分けている。

さらに、自由民主主義国はパンデミックに対し、市民の行動制限を徹底させることができなかったために、敗北を喫したという構図をつくっている。「早期にパンデミックを終結し、経済回復を成し遂げることに成功した中国型の民主主義が、これからの時代にはふさわしい新たなモデルだ」とも声高に叫んでいる。

自由民主主義国でも危機下での一定の私権制限や、デジタル監視はやむを得ないという世論が高まった。これが、かねてから危険視されていた中国型統治モデルである「デジタル監視型国家資本主義」に正当性を持たせるリスクを高めている。

自由民主主義国は今、中国型統治モデルの正当性を押し戻し、自由民主主義と権威主義の間で揺れ動いている国々が中国型システムの採用に一気に傾かないようにしていくリーダーシップの発揮が必要とされている。

今後も発生が見込まれるパンデミックに対し、開かれた自由民主主義でも、対応が可能な社会システムを創り上げることが必要だ。その肝は、パンデミック発生時にできる限り国家財政に頼らずに、危機を乗り越えられるプライベートセクターの仕組みを築くことにある。

中国のような強権発動ができない以上、国民の不満の声も聞き入れ、パンデミック下でも可能なギリギリのレベルの社会活動の継続は必要である。それゆえに、感染を完全には封じ込められず、ワクチンが開発されるまでは経済の失速が続かざるを得ない。

ワクチン開発力は今回を機に抜本的に見直され、より迅速な開発体制を世界はつくりあげていくだろう。だがそれでも1年程度の時間は見込んでおく必要がある。この間の経済の落ち込みに耐えられる仕組みをつくることができれば、中国型統治モデルの優位性を突き崩すことが可能になる。そのためには、政府の財源だけを頼りにした対策では限界がある。平時から民間企業もパンデミックを念頭に置いた様々な備蓄投資を行い、備蓄投資を織り込んだ新たな財務管理を浸透させていく必要がある。

パンデミック発生時の経営指針

今回の危機に際し、多くのＥＳＧ投資家が比較的早いタイミングで配当よりも従業員の継続雇用を最優先すべきという声明を発した。約５８００兆円にも及ぶ世界45カ国以上の年金基金や運用会社からなる国際コーポレート・ガバナンスネットワーク（ＩＣＧＮ）は、２０２０年

4月23日、「解雇を避けるべき」との企業向け書簡を公開し、配当減を容認する姿勢も示した。企業は、この新しい流れを、民間資本によってパンデミック対策を行う企業への投資が促されるように、ESGの投資基準変更を投資家に促す機会に転じるべきだろう。

具体的には、ESG投資家や格付け機関と連携し、パンデミック発生時に雇用を維持できる財務体力を保持することを、ESG投資基準や債券格付けの評価に加えるように要望していくべきである。パンデミック発生時の従業員の給与支払い原資の確保を目的に、法人減税対象とする引当金を創設することも一案だろう。雇用を維持する期間に応じて積立額が異なることを踏まえ、引当率に応じて投資対象評価が変わる仕組みを、ESG投資家と企業はつくりあげていくべきだ。

今回の危機によって、今まであまり普及していなかった所得補償保険の重要性は、若年層にまで認識された。この手の金融商品を普及させるために、従業員の所得補償保険の支払いを企業が負担する場合は損金算入を認め、個人が加入する場合は税控除対象にするといった政策も有効である。このほかにも、マスクや消毒液の不足が社会全体で発生し、エッセンシャルワーカーへの供給も細ってしまった経験を踏まえ、これらの企業備蓄を習慣化させるべく、パンデミック対策備蓄投資減税も政府と協議していくべきだろう。

また、今回の危機で、医療機関だけでなく、小売、清掃、運輸、物流、介護といったエッセンシャルワーカーの危険手当が非常に少ない問題にも光が当てられた。企業はCSRとして年間一定額を様々な社会課題に投じているが、今後はいつ再来するか分からないパンデミックを喫緊の社会課題に位置付けてCSR予算の配分の優先度を高めるべきだろう。

パンデミック発生の最中、日本の病院では通常の患者が来院を自粛したために経営が苦しくなり、医療従事者へのボーナスがカットされる事態も発生した。買い溜め騒動でいつも以上に店内が混雑し続けた小売業においても、危険手当は出されないまま平時よりも重労働を強いられる現場も発生した。こうしたエッセンシャルワーカーがパンデミック発生時でも働き続けるモチベーションの維持や、必要な安全対策を講じるための設備投資に、社会全体が協力する仕組みも必要である。

一案として、多様な産業を横断して「エッセンシャル産業向けの危険手当・危険対策基金」のようなものを創設し、パンデミック発生時に支給される民間資金を平時から積み立てておく仕組みも検討すべきだろう。多くの企業が取り組んでいるCSR活動予算の一部を、平時からこうした基金に投じておくことで、共助の資金循環を創り出す試みは、新たなCSRのモデル開発としても検討の価値があるだろう。

自由民主主義の基盤を崩壊させる格差社会は、コミュニティ間での憎悪や不信感を増幅させて意見の違いを乗り越えることを難しくさせ、溝の埋まらない対立を引き起こす。産業横断で資金を集め、エッセンシャルワーカー全体に拠出する危険手当基金は、格差社会を解消する手段の一つとしても貢献できるはずだ。

民主主義に不可欠な対話の場を創造する

何よりも重要な点は、つくりあげた自由民主主義下でのパンデミックに対応できる社会システムを、世界に広める取り組みを行うことだ。日本企業が拠点を有する海外の商工会議所などを通じ、日本のモデルを紹介し、同じ仕組みを創り上げていくために、現地の産業界や、行政、政治家を巻き込んで議論をリードするという行為そのものに価値がある。

こうした産業横断の基金をつくり、パンデミック発生時に資金を配布するという仕組みをつくりあげることは簡単ではなく、時間を要する。ゆえに、そのプロセスにおいては多くの対話の場が不可欠となるが、この対話こそが、自由民主資本主義とは何かを考える機会を提供することになる。

各国のエッセンシャルワーカーと社会の関係を、協力的な関係に変えていく機会をつくり、対話という文化を根付かせる。各国の現地の企業が新たな引当金や備蓄投資に対して税制面で優遇されるように、税務当局との議論を日本の事例を通じてサポートする。こうした活動を、日本企業が現地のサプライヤーを束ねて推進していくことは、中国企業にはできない活動だろう。

パンデミックへの対応力を備えた企業が、国家財政に依存する企業に比して、ＥＳＧ投資基準や債券格付けの評価において有利になるように、投資基準のルール形成を欧米と連携して進めていくことも有効である。

企業によるパンデミック対策は、従業員や企業を取り巻くステークホルダーの人権を守ることを国任せにせず、企業にも努力義務を課す取り組みと言える。平時だけでなく、パンデミックという危機下での人権にも配慮した取り組みであり、より高度な人権対応に位置付けられる。パンデミック対策を国家に依存するだけの企業と競争条件が同じであってはならないはずだ。

高度な競争ルールを満たさない企業の資金調達力を弱めることは、冷戦の長期化に貢献する。世界の機関投資家に国家資本に依存する中国企業への投資を再考させ、中国企業が人権問題により高い次元で取り組む必然性をつくりだし、パンデミックへの備えにまで投資範囲を拡大させる。民間投資を最大限に活用したパンデミック対策は、企業の資源配分領域を広範囲に拡大させ、売上至上主義による市場占有速度の減速策としても有効となるはずだ。

日本企業は民間企業の力を最大限活用したパンデミック対策を考案し、機関投資家の投資ルールを変革するThoughtリーダーシップを発揮していくべきだ。

3　社会課題解決にも投資領域を拡大する財務管理指標へ

プーマの取り組みを世界基準に

高度な人権対応を企業に強いる手段として、パンデミック対策を投資評価に加える発想をさらに発展させ、より多様な社会課題解決への資源配分の拡散を企業に強制する財務管理は、冷戦の長期化に有効である。これを考えるうえで参考になる取り組みは、スポーツ用品およびアパレルの分野で世界的なブランドであるプーマだろう。プーマは2011年から環境損益計算書の策定に取り組み始めている。

この環境損益計算書では、水資源利用、温室効果ガス排出、土地利用（土壌汚染）、大気汚染、廃棄物の5つの環境負荷テーマについて、プーマ本体事業、最終組み立て加工事業、外部委託工程、素材加工工程、素材調達工程という5つの階層にサプライチェーンを分解して環境負荷を定量化している。地域別の定量化も行い、欧州・中東・アフリカ、米国、アジア・太平洋の3地域に分けてデータを開示し、フットウェア、アパレル、アクセサリーという製品カテゴリー単位でも定量化されている。

5つの環境負荷テーマに対しても、サプライチェーンの階層、地域、製品カテゴリーの単位にブレークダウンしたうえで、解決目標を定量化し、解決に向けた進捗管理を投資家にコミットしている。

このアプローチの重要なポイントは、自社が生み出している社会課題の範囲と深さを広範囲に設定していることはもちろん、定量化したうえで根本的な解決を目標に持続的に資源配分を続けていくことを市場にコミットしていることだ。まさに、資源配分の長期的な拡散を実現させる仕組みになっている。

日本企業はこれまで、プーマの環境損益計算書をサステナビリティやCSRの参考事例としてしか捉えてこなかったため、同様の取り組みには及び腰だった。だが、冷戦を長期化させる大戦略として捉えれば、日本企業こそ能動的に取り組み、国際秩序にしていく必要があることは明らかだ。

日本企業はプーマの取り組みを参考に、多様な社会課題についてサプライチェーンにまで目標設定範囲を拡大し、解決に向けた資源配分計画と進捗をモニタリングすることを国際会計基準にしていくリーダーシップを発揮すべきだ。

一方で、新たな会計ルールについて国際的な合意が形成されるまでには、数年を要することは確実である。冷戦を長期化させる戦略の要諦は、早くから企業の資源配分を拡散させることだ。新たな会計ルールの形成が目的ではない。まずは、企業が自主ルールとしてできる範囲でプーマのように社会課題を広範囲に捉える独自の取り組みを行い、新たな国際秩序にすることから始めて、それから会計ルール設計に着手すべきだ。

社会課題解決計画と実績開示という活動のルール化

会計フォーマットの統一というルール形成がなかなか実現されなくても、その間に、各社がプーマのように独自の取り組みを行えば資源分散はスタートする。よって、多様な社会課題を解決する計画を立案し、公表していく活動をルール化することから始めるべきである。

米中冷戦の最前線である日本企業はこれに迅速に着手し、中国のサプライヤーに対して、サプライチェーンにまで分解して多様な社会課題について目標設定させていくことが有効だ。中国のサプライヤーが本当に資源配分を行ったのか、モニタリングも不可欠である。どのような施策を講じるために、どれくらいのコストを投じたのかという資源配分情報についても、可能な限り情報開示を求めていくべきだ。

モニタリング方法として有効な策は、社会課題の解決に取り組み、グローバル展開しているNGOと組むことだ。中国のサプライヤーが本当に課題解決に取り組み、問題解決が進展しているのかのモニタリングの協力を、NGOに求めるのである。未だに日本企業は、NGOからアポが入るとおびえがちである。これからは、自社の中国サプライヤーの社会課題を見える化し、中国企業に投資をさせていくプランを一緒につくってモニタリングするパートナーにしていくべきだ。

NGOへの協力要請は、NGOに寄付をしながら行うのが最適である。企業からの寄付は受け付けないというポリシーの団体も存在するが、プロジェクト仕立ての寄付の受け入れは、多くの団体で行っている。財務部門がNGOと連携することなど、日本企業においては画期的だが、NGOへの寄付も行うのであれば窓口としてもよいはずだ。

パンデミック対策と同様に、こうした取り組みを行っている企業の格付けが高まるようにESG投資家に働きかけることも忘れてはならない。

【チェックポイント】

・ワーストシナリオとして、中国事業の市場が将来閉ざされる可能性を考慮する必要がある。加えて、出資比率を20％に引き下げられ利益を持ち出せなくなる事態、党組織による会計不祥事や業務の混乱リスク、懲罰的制裁による営業日数減を前提にした新たな資本コストにもとづいて、採算を評価することも必要だ。中国事業に投じる資金は、中国の資本市場で調達することの妥当性も検討すべきである。

・パンデミックを今後も定期的に起こるリスクと位置付け、パンデミック発生時に国家に頼らずに1年間は雇用を維持できる財務構造の企業を、ＥＳＧ投資家が高く評価するように働きかけるべきである。

・産業横断でエッセンシャルワーカー向けの基金を平時から積み立て、パンデミック発生時に危険手当を支給する仕組みをつくり、自由民主主義下でも危機に対応できる社会システムを世界に広げるべきである。社会システムづくりの議論を、日本企業がサプライヤーのいる各国の産業界や、行政、政治家を巻き込んで実施することで、権威主義でしか対応できないという前提を崩していくことに価値を見出す必要がある。

・自社独自の、多様な社会課題解決の進捗を可視化する財務情報開示を行い、同業他社にも同じ取り組みを促すリーダーシップの発揮が求められる。国際会計基準化を目指すのではなく、社会課題への投資を開示させる秩序を広め、資源を早期に分散させることを戦略的

——意図にすべきである。

第6章

リスクマネジメント強化

インテリジェンス機関との連携

1　インテリジェンス機関との連携による経済スパイ対策

日本のインテリジェンス機関のこれまでの経済安全保障への取り組み

長らく、日本のインテリジェンス機関は軍事リスクに関する事項をメインとし、外為法違反や不正競争防止法違反に伴う犯人逮捕での協力以外、企業との接点を有しない状況にあった。さらに踏み込んで言うと、日本のインテリジェンス機関には経済安全保障という視点から網羅的かつ組織的に取り組む役割がなかった。

例えば公安調査庁は、治安維持の脅威となり得る組織や個人を特定するために、そうした人物が勤務している企業の内部に協力者をつくり、この人物を通して情報収集するヒューミント活動を長年実施している。しかし、あくまでも特定人物や特定組織の脅威動向に関する情報収集が主であるため、この人物が所属している企業の技術流出リスクには、組織として対応する責任がなかった。

ましてや、ヒューミントネットワークを有する企業に対して、どの技術が敵対国から見たら価値があり、当該企業のサプライチェーンや投資家、外部から送り込まれている役員、共同研究の相手先などが、技術流出リスクや買収されるリスクを高める可能性があるのか、という観点からの分析義務を組織として担っていないのである。結果、公安調査庁は全国各地の企業に、広範囲に人的ネットワークを構築しているものの、技術流出リスクが高まる経営状態に関する分析の視点や情報が、組織として蓄積されずにいたのだ。

警察は公安調査庁とは異なった立ち位置にあり、それゆえにもう一段経済安保に踏み込みにくい構造にある。警察の場合は犯罪が起きなければ逮捕できないため、技術流出リスクがあるという情報だけでは、企業との連携が困難だ。

技術流出リスクの段階で封じたい企業からすると、危険人物に関する情報を得たいと警察に相談しても、情報は開示されず、事前にリスクへ対応できない。日本は自分の犯罪歴すら、法律で取得できない仕組みになっており、プライバシーが守られている。企業が刑事告訴・告発を行う前の段階の、疑いにもとづく要請だけで、特定の人物について警察が持っている情報が開示されることはない。結果、警察には技術流出リスクの段階では、企業から相談が持ち込まれにくいという構図に陥っている。

米国のインテリジェンス機関による経済安保活動

経済安全保障で圧倒的に先を行く米国は、民間企業とインテリジェンス機関が連携して経済スパイリスクに対処する取り組みであるDomestic Security Alliance Council（以下ＤＳＡＣ）という枠組みをＦＢＩと国土安全保障省（ＤＭＳ）が連携して立ち上げ、２００５年から活動を開始している。２００５年にＦＢＩが主導して立ち上げもので、07年から国土安全保障省も参画している。２０２０年時点でこの枠組みには、ＧＤＰの50％を超える50のセクターからなる５０９社が参加し、頻繁に経済スパイリスク情報を共有している。

企業からは主にリスクマネジメント部の役員レベルが出席し、国家機密を取り扱える資格であるＳＣを有するメンバーには、必要に応じて機密情報にもとづく警告や捜査協力を行っている。２０２０年11月、筆者はＦＢＩと意見交換をする機会を得て、ＤＳＡＣによってインテリジェンス機関と企業の間で信頼関係をつくりあげてきた結果、ようやく能動的にインテリジェンス機関へ情報提供が行われるようになってきたという現実を知った（当ミーティングは２０２０年９月末に東京大学先端科学技術研究センターの玉井克哉教授の研究室に立ち上げられた「経済安全保障研究プログラム」にて、公安調査庁のコーディネートによってＦＢＩのマシュー・ボイデン氏を招聘して開催された）。

ＦＢＩは「10時間ごとに中国が関係する新たなスパイの捜査に着手している。現在、米国国内では約５０００件の諜報活動に対する捜査を行っているが、その約半分が中国関連である」「知的財産を盗んだ相手の企業の知識や技術を利用して、その企業に挑むという悪質さである。中国の関心分野は、風力タービンから穀物の種まで非常に広範囲にわたっている。中国による産業スパイ案件はこの10年間に１３００％も増加しており、米国の損失は毎年数千億ドルにものぼると言われている」とコメントした。

また、ＦＢＩはアウトリーチ・プログラムという取り組みも行っている。学術界、一般社会に対してインサイダーによる情報漏洩の防止に必要な知識など広く経済スパイ情報の共有を行うため、現場の支局すべてに専門の職員を配置している。活動もかなり踏み込んでおり、企業等に対し、職員・研究者による特定の国への渡航リスクの説明から、サイバー分野における技術的支援、情報漏洩防止に向けた職員等との契約条項の定め方に関する助言まで行っているという。

ＦＢＩの経済スパイ対策への取り組みで驚かされるのは、様々な事件のドラマを制作して動画をアップしていることだ。しかもこれがよくできており、概ね40分程度なのだが、見ていて面白い。このなかの一つに「The Company Man」というドラマがある。エンジニアリングカンパニーの技術者に、高額な見返りを餌に中国企業が情報の持ち出しを働きかけ、企業経営者とＦＢＩとターゲットになった技術者が、具体的にどのように協力して逮捕するのかを実例にもとづいて描いている。

このなかで、注目すべきシーンがいくつか存在する。ＦＢＩがターゲットにされた技術者に協力を依頼するシーンでは、経済スパイは既に会社の内情を分析していて誰がこの会社で働いているか詳細を把握しており、本当に知りたい情報を持っているのがこの会社では誰かを経済スパイが特定していること。また、ＦＢＩが社員に成りすましても、技術的な質問には答えられず失敗してしまうリスクがあることを伝えて、社員がおとり捜査に協力する必要性を説明している。

後段で事例を紹介するが、ＦＢＩの捜査官が会社に入っておとり捜査をすることもあるが、技術流出事案によっては捜査官が社員に成りすますことが難しいケースがあることを示しておくことで、社員によるおとり捜査協力への啓発も行っている。

またほかのシーンでは、ＦＢＩとの連携の意義を、企業のトップや幹部に意識づけする意図も含まれている。おとり捜査はあくまでも社員が自発的に行うものであり、引き受けなくても罪にはならないことや、おとり捜査への協力でスパイを逮捕できれば、スパイが狙うほどの高度な技術を持つ企業として世間から注目を集め、広告効果が期待できる、といったやり取りも入れ込まれている。能動的な協力によって経営の観点からは単なる技術防衛にとどまらない、多面的な効果が期待できることを認識させようとしている点も、大変興味深い。

ちなみに、「The Company Man」は、日本企業にとって有用なコンテンツであるため、警察庁警備局外事情報部がＦＢＩに依頼して日本語訳をつけてもらっている。是非気軽に参照してみてほしい。

そのほかにも、ＦＢＩの動画コンテンツには参考になるものが多く、ＦＢＩが日々連携している企業のインタビューも存在する。デュポンのリスクマネジメントオフィサーへのインタビューでは、「定期的に会うなかで、ＦＢＩとはコーヒーを飲むだけの時もあれば、ほかの会社で何があったかを伝えてくれることもある。ＦＢＩはどの会社かは明かさないが、『ある会社で内部脅威が生じた際にある一定の特徴が見られた。あなたの組織でも似たような特徴がないかチェックしてみることで、まだ認識できていない内部に潜む脅威があることに気づけるかもしれない』という形で新たな脅威を教えてくれる」。

「民間企業がＦＢＩに相談を持ちかける際には、ＦＢＩ側はこの企業がある程度長期的なコミットメントを示すことを前提としている。ただ文句だけを言いにきて、数カ月後に『やっぱり考えが変わったから協力をやめる』といった姿勢ではいけない。ＦＢＩとの長期の信頼構築に能動的に取り組まなければ技術優位を盗まれる」といったコメントがなされている。

既に述べたように、このようなコメントからも分かるが、日本企業のリスクマネジメント部門は、ＦＢＩとの関係を自ら能動的に築いていくことが必要である。ここではＦＢＩを具体的な事例として取り上げたが、当然ながら、世界各国のインテリジェンス機関との間で、日本企業はこのような関係構築を進めていかなければならない。

米国のインテリジェンス人材の高い流動性

米国では民間企業とインテリジェンス機関が情報共有しやすい基盤として、インテリジェンス人材の流動性の高さと、人材の層の厚さが存在している。これに関して民間人の雇用機会の観点から公開情報が整理されている参考資料として、２０１１年に出版された *TOP SECRET AMERICA～The Rise of The New American Security State*（邦訳『トップシークレット・アメリカ　最高機密に覆われる国家』玉置悟訳、草思社）という書籍は大変参考になる。

この本によると、2010年時点での米国のインテリジェンス機関における最高機密であるトップシークレットを扱う人材は、政府職員と民間人合わせて86万人、トップシークレットを扱う民間企業は1900社に達している。そのうちの110社で、政府からのインテリジェンスに関する委託業務全体の90%を受託していた。また、56社の民間語学エージェント会社が、書類の翻訳や傍受電波の解読を担い、インテリジェンス機関向けのIT機器や情報インフラ開発だけで400社以上が関与している。

トップシークレットを扱う求人広告数はワシントン地区だけで1951件、全米では1万9759件に達し、300社の人材紹介会社が1人当たり平均550万円の紹介手数料を獲得していると詳細を解説している。ちなみに、人材紹介会社の一般的な紹介手数料は転職初年度の報酬総額の30%が相場であることを踏まえると、年収1500万〜2000万円程度でインテリジェンス機関に関与した経験を有する人材の採用が可能ということだ。日本の民間企業でも十分ポストを用意できる給与水準だ。

米国では国家安全保障局でも民間企業が活用されており、少なくとも480社が活用されていた。CIAも100社以上の民間企業からの出向者が1万人に達し、2012年時点でCIA職員の30%が民間からの出向者で占められていたという。国土安全保障省に至っては、同省の職員数と同数の人員が、300社以上の民間企業から契約社員として供給されていた。

面白いのは、これだけインテリジェンス人材の市場に厚みがある米国において、2017年ごろから、ＰＯＬＩＴＩＣＯやNational Public Radioといった媒体で、シリコンバレーの採用トレンドとしてサイバー犯罪対策のためにＦＢＩやシークレットサービス、ＮＡＳＡなどから積極的な採用が行われていることが報じられ始めたことだ。

報道をよく読むと、サイバー犯罪対策はもちろん、近年は法執行機関が捜査令状なしにはアクセスできない情報を内部で押さえて、犯罪を明らかにするケースが増えてきていることが要因であると解説されていた。また、ＦＢＩがサイバー人材のエース級の雇用維持に苦戦している事例として、建設機械最大手のキャタピラーがＦＢＩのサイバー部門のアシスタントディレクターを登用し、この5年間でＦＢＩから20人ものサイバー担当が民間に転職していることを報じている。

２０１９年にはAirbnbが、企業全体の情報セキュリティ、コンプライアンスなどを担当する「Chief Trust Officer」というポストを創設し、元ＦＢＩ捜査官を登用した。世界で最も信頼されるコミュニティにすべく、ブランド力の向上が目的と報じられた。

インテリジェンス機関との能動的関係の構築を日本企業が急ぐべき理由

話を日本企業に戻すと、日本企業が各国のインテリジェンス機関と連携するには荒療治が必要だ。そもそも、日本企業は、日本国内ですら警察庁警備局や公安調査庁などのインテリジェンス機関との組織的なレベルでの連携関係を構築できていない。ましてや、自社の海外拠点がある各国のインテリジェンス機関との連携など考えたこともない日本企業がほとんどだ。事実、先に紹介した米国のDSACへの日本企業の参加は確認されていない。海外拠点が何かの事件に関係したために捜査協力でFBIと接点を持つことはあっても、平時から関係構築をしておく意識は皆無だ。

だが、米中冷戦が本格化した今、この状態は早期に改善されなければならない。旧来の輸出管理と異なり、経済スパイリスクに対する警戒すべき情報の範囲と対象とすべき関係者は、圧倒的に広いからだ。技術情報に関する会話や、メールのやり取り、学会での発表など、これまで問題視されていなかった企業活動や研究活動に潜むリスクを自ら能動的に発見し、対策を打ち続ける必要がある。

しかもその範囲は、旧来の防衛に関係する技術情報を扱う特定の部署ではなく、社内のほとんどの部門に警戒網を張らざるを得なくなるほど拡大している。流出させてはならない先端技術情報の範囲がとてつもなく広く設定されたうえに、その情報を持ち出した人物が敵対国に渡す前に逮捕し、未然に情報流出を止める責任が経営陣に生じ始めている。

例示すると、自社の日本拠点にて、米国が中国への輸出を禁止した先端技術に〝関係しそうな情報〟を、自社の日本人社員が同じく自社の中国人社員と共有してしまった場合だ。

このような曖昧な状態に対しても、リスクマネジメント部は迅速に把握し、その中国人社員が中国拠点にその情報をメールしていないか、中国に出張する前に保有した情報が何であったのかを本人に確認し、問題がないかどうかを判断する必要に迫られる。その際、この中国人社員が産業スパイとして悪意を持って、日本人社員から情報を得ようとしたのかどうかも把握し、結果によっては捜査機関に通報する必要性も判断しなければならない。当然、話してしまった可能性がある日本人社員にも調査を行う必要がある。

このような状態が組織の至るところで生じているのが、新しい現実である。これを世界規模で管理するのだから、日本人だけでしかも自社だけでリスクを潰すことは困難だ。こうした事態に対処するために、グローバル企業が行っている解決策は、捜査機関を「おとり捜査官」として社内に能動的に平時から受け入れることだ。

例えば、2018年に中国情報機関の工作員が米ゼネラル・エレクトリック（GE）傘下のGEアビエーションなど航空宇宙関連企業の機密情報を窃盗した疑いで逮捕された事件。報道によると、GEアビエーションはFBIに相談しておとり捜査員を迎え入れ、最終的にFBIとベルギー警察が連携して逮捕した（2018年10月11日ロイターが報道）。こうした事例は枚挙にいとまがない。

米国の経営者は、社員が技術情報を持ち出すことによって自社の競争力が低下するリスクに加えて、その技術情報が敵対国に流出することによって世界の安全保障環境を変えてしまうリスクも封じ込める必要性を認識している。

経営者に求められる最善の行動は、インテリジェンス機関と能動的に連携し、自社が安全保障環境に悪影響を生む原因にならないようにすることだ。

おとり捜査を依頼することの重要性は、別の見方をすれば、協力を依頼して捜査機関に責任を委ねることで、経営陣が善管注意義務違反に問われるリスクを低減させる点にあるとも言えるだろう。だが日本企業はおとり捜査を能動的に受け入れることに慎重だと、複数の米政府高官は話しており、こうした姿勢は今後問題になるだろうと２０１９年時点で筆者に語っている。

インテリジェンス機関経験者からなるチームの組成

疑惑の段階で捜査機関に相談し、おとり捜査を始める組織文化をつくりあげ、技術情報が敵対国に流出するのを未然に防ぐという社会的責任が果たせる企業への変革は不可欠だ。そのためには、各国の拠点にリスクマネジメント部門を配置し、そのトップにはその国のインテリジェンス機関出身者か、その国のインテリジェンス機関との業務経験を有する民間人を採用すべきだろう。

現在、米国だけでなく、世界各国で経済安全保障への認識が高まり、みなし輸出へのリスク対策や技術情報を狙ったスパイ対策を強化する政策が、日々見直されている。各国の経済安全保障政策の情報を収集するには、各国のインテリジェンス機関との関係は不可欠だ。おとり捜査を申し入れるにも、身分が決して明かされない窓口が必要となる。また、自社の海外拠点において先端技術情報を持ち出そうとする潜在的な危険人物に関する情報も、インテリジェンスコミュニティとの連携なしでは把握が困難だ。

企業が直面する可能性がある現実的なケースを挙げてみよう。過去にイギリスの大学に留学しようとしてビザの申請を却下された中国人の技術系大学生が、その後、日本企業のシンガポール拠点に新卒採用され、3年後に、買収したドイツ企業の研究開発部門に異動を命じられた場合を考えてみる。化学産業においては十分にあり得るケースだ。そして、当然ながら日本企業は、この学生がイギリスで過去にビザが却下された事実など知りようがない。

このようなプロファイルの人物がシンガポール拠点にいた時に、自社が米国企業と共同開発した先端素材の技術情報にアクセスし、ドイツの子会社では買収される前にドイツ政府の補助金が投じられて開発された先端技術にアクセスした場合、中国へのみなし輸出リスクを、米国とドイツから追及される可能性を内包したことになる。

しかも、この中国人社員が中国共産党員であることがその後判明した場合、中国共産党から協力要請を受け、それに応じる忠誠心の高さを踏まえて、技術流出リスクを評価しなければならない。こうしたリスクを日本のリスクマネジメント部が、日本人だけの体制で把握できるだろうか。

自社の狙われている先端技術情報が一体何で、どの社員が経済スパイに取り込まれている可能性があり、捜査関係者はどの社員に注目しているのかといった情報を、全世界の従業員に対して目配りする必要がある。

世界規模でこのような観点からリスクマネジメントが求められる現実を踏まえれば、各国の元インテリジェンス機関出身者をトップにした体制が有効であることは、容易に想像がつくだろう。こうした人材は、非公開のシンクタンクやインテリジェンス機関の会合にも、継続的に出席していることがほとんどであり、新たな経済スパイの手口や傾向はもちろん、自社に潜むリスクについても、情報が入ってくる可能性が高い。

元インテリジェンス機関からなるメンバーが各国のリスクマネジメント部門を担い、このメンバーからエリア責任者クラスが、第7章で説明する「経済安全保障委員会」に参画することが、現実的な体制だろう。

2　BCPに入れるべき台湾有事

米国が考えている台湾有事シナリオの一例

バイデン政権は台湾有事を現実の脅威とし、産業界を巻き込んだ経済安保に取り組むことが確実だ。習近平氏は台湾の対岸に位置する福建省の省長時代には台湾政策の実務を担っており、国家主席の任期を撤廃した理由は、台湾統一には2期10年では時間が足りないという判断にもとづいていると米国は見ている。

習氏の年齢を考慮すると、三期目が終わる２０２８年には国家主席を退任する可能性が高いと見られている。そうすると2028年までに米国が最も動きにくく、中国が強硬手段に出る環境が整うのは、米大統領選と台湾総統選が重なる24年前後と中国研究者は予想している。2021年3月、米インド太平洋軍のデービッドソン司令官が米上院軍事委員会の公聴会で、「6年以内に中国が台湾に侵攻する可能性がある」と証言した意図は、こうした背景にもとづくものと受け止める必要がある。

筆者は2020年10月、CNAS主催の台湾有事シミュレーションに参加を依頼された。このシミュレーションは、ESによって台湾有事を解決できるかどうかを検証する目的で開催された。刻々と変化する情勢の設定は、徹底的に中国の打ち手を分析していることを実感させるものであった。

詳細は明かせないが、重要な点は、台湾有事は数カ月間という時間を要して進んでいく。この間に東シナ海と南シナ海はもちろん、第二列島線に対しても米軍を牽制すべく、中国からミサイルが多数試射され、軍事対立の緊張が大きく高まることは確実だ。こうなった場合、日本へのタンカーや貨物船の運航は確実に止まり、数カ月間にわたってサプライチェーンが機能停止する。

当然、台湾および台湾企業が所有する中国国内の工場からの出荷も、中国によって止められることから、現在の半導体不足どころの騒ぎではなくなる。加えて、CNASのシナリオは、外国企業に対し、台湾企業との取引および台湾市場でのビジネスを継続した場合は、中国市場から締め出すと脅しをかけられる内容でもあった。当然、この要請に屈した企業に対しては、米国政府やEU政府からもプレッシャーをかけられる展開となる。

CNASでの検討がバイデン政権に影響していると思われる動きが、2021年4月に報じられた。米下院外交委員会にて、中国が台湾侵攻を行った場合の経済制裁について、台湾有事に特化して対中経済制裁を発動できる法整備の必要性が議論されているのだ。

BCPを民間主導で議論することの必要性

台湾有事が生じた場合、日本企業が大混乱に陥ることは確実だが、驚くべきことに台湾有事を念頭に置いた事業継続計画（BCP）を立案している日本企業は皆無だ。現状を放置すれば、台湾有事が発生した場合、日本が先に持たなくなるという最悪の事態になりかねない。だが、これまで日本政府すらも、台湾有事を今そこにある危機として認識してこなかった現実がある。今後あり得たとしても、それはかなり先の話だろうという前提に立っていた。

残念ながら、今の日本企業の経営陣の多くには、日本政府でも検討していない国際環境の変化を、自分たちが先取りして真剣に考える主体性はない。だが、認識を改める必要がある。中国と日本政府の外交関係を踏まえれば、台湾有事を表舞台で警戒対象情報として企業に発信することは難しい。ゆえに、企業は能動的に台湾有事への備えを、調達リスクと事業継続性の観点から評価し、調達ルートの多様化に今から取り組むべきだ。

台湾有事が生じた場合に本当に供給責任を果たせるのか、どのような事態が想定されるのかを日本の産業界が議論することで、完全にとはいかないだろうが、必要在庫の積み上げや発生を想定した調達先の分散、輸送航路の見直しなど、一定のリスク回避策は打たれるだろう。そして副次効果として、台湾有事に対する健全な警戒感の高まりを、日本国内にとどまらず、世界のサプライヤーを通じて、各国政府にも認識させる効果を生むだろう。

東シナ海・南シナ海で想定すべきタンカー爆発事故

台湾有事が発生すれば、東シナ海と南シナ海のリスクの高まりから、中東からのエネルギー調達も運航を止め困難になる可能性が極めて高い。また、おそらく、日本に向かうタンカーは攻撃者不明の爆発事故に遭遇し、その様子を見たほかのタンカーが航行を取りやめるだろう。

既にその可能性を裏付ける現実は経験済みだ。米国とイランの対立が激化していた2019年6月の安倍晋三総理（当時）のイラン訪問中に、ホルムズ海峡に近いオマーン湾のイラン沖で、日本関連タンカー2隻が何者かに攻撃され、消火活動が必要な事態に陥った。

報道によれば、リムペットマインという吸着型の水雷が仕掛けられていたほか、無人機による攻撃の可能性も指摘されているが、国家が関与したのかテロリストなのか犯人は不明なままだ。この1カ月前にはサウジアラビア船籍2隻、UAE船籍、ノルウェー船籍の計4隻の石油タンカーがUAE沖で爆発物による被害を受けており、石油タンカー攻撃はもはや紛争時の新常識となった。

台湾有事の際にはほぼ確実に、東シナ海と南シナ海で攻撃者が不明のタンカー爆発が起こり、この海域の海上輸送は機能停止に陥ることを、企業はBCPに織り込む必要がある。

このような前提に立ち、中東諸国と日本企業の間で台湾有事を前提とした調達ルートの協議を行うことで、中東においても台湾有事への警戒を高めさせることになるだろう。

EUとの間でも、米国経由での貿易継続を前提に、パナマ運河経由や米国内での鉄道輸送との組み合わせを前提とした物流ルートを事前に確認し、急激な輸送量の増大を念頭に置いたプランを検討する必要がある。こうした議論を通じて、EUにも台湾有事が現実かつ非常に近い時期に発生する危機であるという警戒感を高めさせることになるだろう。

第9章でも述べるように、ロシアも台湾有事を念頭に、北極海航路への切り替えを積極的に提案してくるはずだ。中国研究者の分析では、中国が台湾に上陸作戦を実施するタイミングは1年のなかで最も台風が少なく台湾海峡の波も穏やかな10月である可能性が高く、上陸作戦の5カ月前からミサイルの試射により海域の緊張が高まると予想している。

5～10月は、北極海航路の活用に最も適している解氷期の時期である。台湾有事が発生した場合に日本がこの航路を十分に活用できるように、北極海航路のルール形成の議論に台湾有事条項などを入れておくのも一案だろう。

具体的には、台湾有事が発生した場合には、深刻な被害を受ける国への優先利用を認める一方で、紛争を引き起こした国に対しては、利用を制限するルールを打ち込んでおくことで、中国への牽制を行うべきだろう。

こうした議論を日本企業と日本政府が連携してアジェンダ化し、ロシアとの間で台湾有事下における北極海航路の利用を議論することは、日ロ関係の維持・発展にも有益だ。

以上のように、台湾有事を前提としたBCP策定は、リスクマネジメント部が現実に起こり得る短期的なリスクに位置付け、早期に取り組みを開始させるべき事業である。その際、荷主という立場から、海運会社に対しては調達に用いる航行ルートの見直しや、北極海航路における緊急時の優先利用の可能性についても検討を依頼すべきだ。

そして常に意識すべきは、自社の対策の質を上げるだけでなく、世界に対して台湾有事に対する警戒感を高めさせ、中国の大胆な行為に対する牽制力を強める貢献をしていくことだ。

3 自由民主主義の体現を求められるリスク

リスクマネジメント部門は新たなリスク管理業務として、自社が自由民主主義の体現を求められるリスクシナリオを準備しておくことも必要だ。繰り返しになるが、2020年10月、筆者は米国政府の高官とミーティングする機会があったが、そこで「米国政府は中国共産党の姿勢を転換させるために、米国企業に対して自由民主主義という価値観を今まで以上に体現することを求めていくつもりだが、日本企業はついてこられそうか?」という質問をされた。具体的に想定しておくべきシナリオをいくつか挙げてみよう。

✓台湾企業と取引している外国企業は、中国国内の市場機会を失っていくことになるだろうと中国の報道官が声明を発表した
✓反政府デモが続くなかで、現地の社員が政府を非難するツイートをし、その国の政府がツイートした従業員を解雇するように会社に要請してきた
✓中国出張から日本に戻ってきた自社の日本人社員について、中国政府が輸出管理法違反の疑いから任意で聴取するから再度出張させてほしいと言ってきた
✓米国の制裁を回避するために取った自社の措置に対し、中国メディアが損害を被った企業の声として中国政府に反外国制裁法の発動を求めたと報道された
✓自社の重要な取引先が、中国政府から信用できない企業・個人リストに指名された

これらはほんの一例だが、どれも実際に発生した場合の対応は、メディア対応を含めて簡単なものではない。しかも、企業によって選択する行動が異なるだろう。リスクマネジメント部門は、経営者がこの手の意思決定に対して不慣れであることを踏まえ、自由民主主義の維持・発展に加えて、冷戦の長期化に貢献するという観点から選択肢を準備しておく必要がある。

【図表12】「自由民主主義を体現する」ことについて経営哲学が問われる時代に

米国政府
2020年10月

米国政府は中国共産党の姿勢を転換させるために、米国企業に対して自由民主主義という価値観を今まで以上に体現することを求めていくし、日本企業にもそれを求める

自由民主主義の体現を問われるケース（例）

- 台湾企業と取引している外国企業は中国国内の市場機会を失っていくことになるだろうと中国の報道官が声明を発表した
- 反政府デモに対して現地の社員が政府を非難するツイートをし、政府がその従業員を解雇するように要請してきた
- 中国政府が、中国出張から日本に戻ってきた自社の日本人社員に「輸出管理法違反の疑いがあるので任意で聴取をしたい」と言ってきた
- 米国の制裁を回避するために取った措置に対し、中国政府が「域外適用の悪用によって中国企業に損害を与えた」として、取引を停止された中国企業に損害賠償請求を認めると報道された
- 重要な取引先が中国政府から「信用できない企業・個人リスト」に指名された　など

自社が取るべき行動やそれに伴って発信する声明文はもちろん、選択した行動が引き起こす事態に対しても、どのような決断が問われるのかをあらかじめ想起し、準備することが必要だ。加えて、こうしたシナリオにもとづくシミュレーション型の研修も経営陣に対して実施し、平時から経営陣が自由民主主義を体現することへの問題意識を高めなければならない。

　この手の幹部研修は人事部に任せていてはつくられることはない。また、一般的な幹部研修メニューにも存在しないため、リスクマネジメント部門がリスクマネジメント研修を手掛ける企業と共同でつくっていく

必要に迫られるはずだ。こうした取り組みにチャレンジする際にも、各国のインテリジェンス機関出身者らの力を活かせるはずである。リスクマネジメント部門は、旧来の枠を超えたテーマに、リスクマネジメントの対象に含める拡大志向で果敢にチャレンジしなければならない。

4 中国共産党の企業内党組織リスク

企業内党組織とは

中国は、中国共産党規約の第30条にて、中国共産党員が3人以上いる場合は必ず党の基層組織を設置しなければならないと明記している。また、会社法においては第19条に、会社においては中国共産党規約の規定にもとづき、中国共産党の組織を設置して党の活動を展開する、と記している。

もともとは国有企業をメインに運用されてきた制度のようだが、『中国統計年鑑２０１９』によると、中国の国有企業の割合は２０１９年時点で１・８％まで低下しており、計算上、約97％が民間企業になっていることから、民間企業での党組織設立のプレッシャーが高まっている（『中国統計年鑑２０１９』によると２０１９年時点で外資企業は０・６％で、約11万社が進出）。

企業において問題となるのは、企業内党組織は中国共産党の利益を最優先に行動するとされることだ。これまでの党組織の主な活動は企業内での学習会や、党の記念日の祝賀などを実施する程度だったが、近年は企業の経営、人事、予算の決定に携わるようになっている。

２０２０年9月の『中華工商時報』は、中華全国商工業連合会副主席の葉青氏の「(こうした企業内党組織の権限強化は）国有企業のみに対する要求ではなく、民営企業のコーポレートガバナンスが目指すべき方向を示している」という談話を紹介している。

企業内党員は、党の方針に従わなければ自身の昇進に影響するほか、党規律上の処罰を受ける恐れもあるという。既に２０１７年には外資企業の70％が党組織を設置済みであると中央組織部副部長が発言し、19年には民営企業上位５００社中90％以上が党組織を設置していた。ただし、民営企業における党組織の権限が脆弱なことを中国政府は問題視し、「経営、人事、予算に関する決定前に、企業が党組織と能動的に意思疎通すべき」といった意見が出されていた。

機先を制する関与の必要性

このように、中国は外資も含めた民間企業のなかに党組織をつくらせ、この組織を通じて経営に対して大きな影響力を発揮すべく、党員の活動を徹底させ始めている。これは企業からすれば中国法人だけでなく、共産党員である中国人幹部を本社に登用した場合、本社の経営、人事、予算に関する決定に対しても、党組織として関与される可能性がある状況になっていることを理解する必要がある。

既に問題も発生している。ある日本企業では、中国子会社が経営判断を党組織に掌握された結果、架空取引の発見が遅れ、上場廃止に陥る危険に直面した。このケースでは、１９９０年代に日本企業が中国企業に資本参加した段階で既に存在していた党組織に対し、党組織を残すこと、党組織の活動に日本企業は一切不干渉であることが要求され、日本企業が合意していた。日本側の社長は年に数回、現地を訪れるだけの関係でグリップが弱く、現地の経営陣は党組織の言うことがすべて正しいとしており、中国子会社にもそうした組織風土が定着してしまっていたという。結果、２０２０年には中国法人の架空取引が発覚するも、四半期決算書の訂正が間に合わない可能性が生じ、上場廃止見込みを発表する事態に陥ってしまった。幸いにも、最終的には期限内に修正版の提出が間に合ったために上場廃止は免れたが、その後の株価は大きく下がり続けた。

リスクマネジメント部門は、社内の党組織の活動状況をモニタリングし、経営に対する影響がどのように発揮されているか、状況を把握する必要がある。中国現地法人内は当然だが、本社への影響について、警戒を強める必要がある。内部監査部門と連携し、党組織の影響が強い企業との取引などは、会計不正のリスクも含めてモニタリングする必要があるだろう。

特に、党組織が株主の利益を毀損する活動を行い、それを取締役が監督できていなかった場合には、代表訴訟の対象となる可能性が高い。だが、現実には党組織の活動は秘密裏に行われるほか、干渉させない動きを取ることは明らかだろう。ゆえに、党組織の活動内容そのものではなく、党組織が党員以外に及ぼそうとしている影響工作にモニタリングの焦点を当てていくべきだ。

5　技術情報の収集を狙った訴訟戦略リスク

リスクマネジメント部門がリスクとして認識すべきテーマとして、特許侵害訴訟も管轄範囲に含める必要がある。実は特許侵害訴訟を仕掛けることで、侵害していないことを証明するために、大量の情報を開示する必要に迫らせることができる。これを悪用し、技術情報を取ろうとする企みがあることに、日本企業は無警戒である。

知財部が当事者となって特許侵害訴訟を受けて立つことになるが、知財部は問題がないことの立証を優先しすぎるきらいがあり、提出した情報を通じた技術情報の獲得リスクにまで気が回らない傾向がある。

また、意外と気づかないのが、合併や買収に伴う独占禁止法違反への抵触の恐れがないかどうかを審査する過程での情報提供だ。専門家によると、規制当局は技術の「利用に関わる制限行為」の妥当性について、どこまでの技術が適切な制限範囲となるのかを判断すべく、かなり詳細な技術情報の開示が求められると話す。

実はここに落とし穴が存在する。専門家らは、中国で独禁法の審査を行う国家市場監督管理総局による調査を通じた情報流出リスクを、日本企業はもっと真剣に考える必要があると話す。

２０２１年３月には、米半導体製造装置大手アプライドマテリアルズによる旧日立製作所系のKOKUSAI ELECTRICの買収が、中国規制当局からの承認が得られずに不成立となった。この時、欧米メディアからは中国の規制当局の運用が不透明な点を指摘する報道がなされた。今後、中国が独禁法抵触を理由に、様々な資本業務提携に対して技術情報の提供を求め、規制当局に提供した技術情報が中国企業に流れてしまうリスクを、念頭に置く必要もあるだろう。

この特許侵害訴訟を仕掛ける戦略が有効になったのには理由がある。米国が連邦民事訴訟規則（ＦＲＣＰ：Federal Rule of Civil Procedure）を２００６年に改正して、電子証拠も証拠開示対象に広げる電子証拠開示手続き（eDiscovery）が整備されたことが要因だ。結果、技術情報の開示範囲が広がっただけでなく、効率的に知りたい情報にアクセスできる情報管理が行われるようになったのである。

これまでは大量の情報を出しても、それを分析する能力がなければ何が有効か分からなかったが、特許侵害訴訟の情報が利用しやすい情報だとして認識されると、研究開発行為の一環として訴訟を仕掛けるといった動機が飛躍的に高まったようである。

中国国内にはまだeDiscoveryのような法制度が整備されていないが、今後、技術情報の収集を目的として戦略的にeDiscoveryを導入する国内ルールの形成に着手してくる可能性は極めて高いと見るべきだろう。また、中国企業はこれまで、中国が出資している米国企業を活用し、当該米国企業に特許侵害訴訟を仕掛けさせる方法を取ってきた可能性も十分にあり得るし、今後もあるだろう。

こうしたリスクまで考えに入れて、自社に仕掛けられている特許訴訟の戦略的意図を分析し、情報の出し方を工夫することが必要だ。その際、当事者である知財部よりも、事態を客観的な立場から見ることが可能なリスクマネジメント部門が、こうした視点で関与していくことが有効だろう。特許侵害や独禁法の調査に伴う情報開示に際して、これを悪用されている可能性も視野に入れた情報開示戦略の立案をリードすることも、役割に含める必要がある。

6 中国の大学との共同研究指針の必要性

中国は2007年からイノベーション強国プロジェクトを立ち上げ、21年には特許の国際出願件数で米国を抜いて世界第1位となった。2019年にはAI分野の特許出願件数で米国を抜いて1位になっている。

中国は2008年から海外で活躍している新興技術に携わる中国人科学者や技術者を中国に呼び戻す「1000人計画」を立ち上げた。

その結果、2017年までに数名のノーベル賞受賞者を含む7000人の高度技術人材の採用に成功したと、19年に米国上院に提出された議会スタッフレポート「Threats to the U.S. Research Enterprise: China's Talent Recruitment Plans」は報告している。同レポートでは中国人留学生の帰国率について、２００７年の30・６％から18年には78％にまで上昇したと報告している。

中国では以前から「軍民一体化」が推進されてきており、その意図は民生技術を軍事に転用するという両者の統合を目指す概念であった。だが胡錦濤時代に一体化を超えることを目指した概念として生み出されたコンセプトの「軍民融合」へと進化し、習近平によって２０１３年に国家戦略へと格上げされた。

融合という言葉について、日本ではあまり深く議論されていない。中国が一体化から融合に変化させた意図は、民間と軍の間において資源や、情報、技術、人材を完全にシームレスに共有することを追求している点で、統合とは次元が異なる結合を目指していると示すことにある。融合の下では、技術開発の調査研究を民間と軍が最初から一緒に行うことを前提としている。

オーストラリアの国防総省系のシンクタンクであり、ファイブアイズやコモンウェルズのインテリジェンス機関に影響力を有するＡＳＰＩは、２０１９年末の報告「The China Defence Universities Tracker」で警鐘を鳴らしている。

このなかでＡＳＰＩは、中国の少なくとも68の大学が軍との融合を実現する取り組みに着手していると報告。国防七子と言われる７つの大学が中国人民解放軍の技術革新に徹底的にコミットしており、北京理工大学はその最前線を切り開いているという。

国防七子は、卒業生が中国人民解放軍や防衛産業に就職する比率が際立って高いことが特徴だ。各大学における毎年の卒業生の軍需産業への就職率は、西北工業大学41・3％、ハルビン工程大学36・5％、北京理工大学31・8％、ハルビン工業大学30・0％、北京航空航天大学28・6％、南京航空航天大学21・0％、南京理工大学15・8％と極めて高く、在学中から軍事関係のプロジェクトに従事しているとＡＳＰＩは指摘している。

ＡＳＰＩは、中国の１５０以上の大学について中国人民解放軍のどの機関とどのような研究を行っているのかを詳細に調査し、前述の報告としてウェブ上に公開し、世界に対してスクリーニングでの利用を呼びかけている。

日本企業は新興技術開発を目的とした研究を海外の大学と行う場合は、提携相手が軍事転用や裏側で軍人を研究者として採用していないかなど事前にリスクを評価し、軍事転用を禁ずる覚書や契約の締結を必須にすべきだろう。

7　破壊型エコノミック・ステイトクラフトへの警戒

ＢＣＰを左右する原因不明の火災

米中冷戦が激化するなかで、インテリジェンス機関による工作活動を活発化させ、破壊型ＥＳの発動が増加する可能性も前提にする必要がある。

２０１８年８月28日、半導体露光装置で高いシェアを誇っているオランダのＡＳＭＬにおいて、今後、中国人技術者を採用する場合は米国政府の許可が必要になったらしい、という噂が中国の報道にて大きく取り上げられた。中国人に対する差別的扱いとして批判の声が中国国内で上がったわけだが、その年末、2018年12月3日にASMLの重要なサプライヤーで火災が発生し、中国語で火災を報じるニュースが飛び交った。筆者が日本国内でASMLの火災について検索した時は、ほとんどのニュースが中国語であった。

世界最大手の半導体受託生産企業であるTSMCでも、2019年1月28日に不思議な事故が報道された。TSMCは2018年まで中国への売上依存度が9%から23%へと急激に高まっていることを米国から問題視されていたのだが、製造ラインに規格外の化学品が混入し、不良品が大量に発生する事態に見舞われた。

報道によるとこの工場は、直径300ミリのシリコンウエハーを使う主力工場の一つであり、ファーウェイ傘下の海思半導体(ハイシリコン)への供給を行っていた。その後、TSMCは、米国のアリゾナ州に工場を建設するに至った。

日本でも注目すべき事件が発生している。韓国をホワイトリストから除外する閣議決定を行った翌日の2019年8月3日、埼玉県の工場で爆発を伴う火災が発生した。これはスマートフォンの防水機能に使われている両面テープや、カラーフィルター用の有機顔料の分野で世界シェアトップレベルの企業の工場だった。

これらの部品は安全保障貿易管理の手続きが不要な部材であったことから、韓国がホワイトリストから除外されても、輸出手続きにおいて何も制約を受けない。だが、こうした部品の供給が滞ればスマートフォン製造企業が困ることは明らかである。そして韓国企業からの部品の供給先には、当然ながら中国企業が多数存在している。この火災の原因は不明なままだ。

こうした事象はその後も続いている。2019年11月に米国で香港人権法が成立した同日、テキサス州の化学工場が爆発して4万人が避難。2020年9月には、中国広東省にあるファーウェイの研究所で火災が発生し3名が死亡した。当研究所では5Gネットワークや半導体関連素材の研究をしていたと報じられた。2020年10月には旭化成の半導体工場で火災が発生し、最終的に復旧を断念する事態に陥って自動車のサプライチェーンに影響が出た。

そして2021年3月、ルネサスでも火災が発生し、自動車産業に大きな影響が生じた。これは過電流を感知した場合に作動するはずのブレーカーがなぜか動かず、出火原因となった。サプライチェーンのチョークポイントとなる部品や素材を提供しているサプライヤーには、どのようなリスクが生じるのか、想像力を働かせてBCPにおける様々な新たなリスクを想起することが必要になる。

見慣れた事象を捉え直す必要性

我々は米中冷戦によって、インテリジェンス機関による企業への破壊活動も水面下で進められているという前提の下で、経営リスクを考える新時代に入ったのだと認識を改めるべきだろう。企業はピンポイントで取引や稼働の停止を行政指導やサイバー攻撃、訴訟、破壊工作によって強いられるリスクを想定しておくことが必要だ。

加えて、日本企業が特に注意すべきは、「データ異常」を生じさせるサイバー攻撃や、不正発覚によるレピュテーション低下のリスクだ。

社会インフラを止める方法は、物理的破壊だけではない。異常値が発生すればマニュアルに沿って停止措置が取られ、原因が特定されるまで運用が止まる。マニュアルの厳格な運用を行う日本のインフラを止めるうえで、運転停止の判断を下す異常値の閾値が記載されているマニュアルは有益な情報だ。今後、企業担当者は原因追究と同時に、「これはESのターゲットに当社が利用されたのかもしれない」という疑いを抱くリスク感覚が必要だ。

もう一つの見慣れた風景に、不正発覚による謝罪会見がある。不正発覚が報道され経営陣による謝罪会見が行われた会社の株価を分析してみると、その後数カ月間にわたって概ね20～30%の下落が続く傾向にある。不正の発覚は、公益通報者保護制度の制定や企業における内部通報体制の整備が進んだことを受けて、近年増加傾向にある。

これらの制度の悪用は、例えばハニートラップやサイバー攻撃によるプライバシー情報の悪用によってターゲットの弱みをにぎり、あらかじめ発見しておいた社内の不正を通報しろと脅すことで成立する。これもM&Aに悪用すれば、割安にできるだけでなく、交渉の力関係を変化させることにもなりかねない。

こうした話を日本ですると、「まさか」という半信半疑の反応がほとんどだ。だが海外で話すと何のためらいもなく「あり得る」という反応を示される。こうした肌感覚は、安全保障政策やインテリジェンス機関に関与していた人材の登用、そうした機関との距離が近い欧米企業の風土や文化が生み出すのだろう。

リスクマネジメント部門は、破壊型ＥＳの応酬という新時代において、自社に対する破壊工作リスクを、グローバル拠点全体を見渡して検討し、ＢＣＰをつくっておくことが必要だ。

【チェックポイント】

・リスクマネジメント部門にはインテリジェンス機関出身者やインテリジェンス機関と仕事をしていた民間人を登用し、インテリジェンス機関との信頼関係を構築することが急務である。

・ＢＣＰには台湾有事の発生時に利用できなくなる東シナ海、南シナ海を経由しないサプライチェーンの構築と、北極海航路の確保、チョークポイントに対する破壊型ＥＳとして原因不明の火災や爆発事故も想定しておく必要がある。

・権威主義国でのデモや人権侵害など様々な問題が引き金となって、自由民主主義国が日本企業に対し、自由民主主義の体現を求める状況が生じることから、あらかじめシナリオを構想して対応方針を検討しておく必要がある。

・技術情報の収集を狙った特許侵害訴訟を知財部任せにせず、リスクマネジメント部門が情報を出しすぎないようにコントロールする役割を担う必要がある。
・社内につくられている共産党員による党組織の活動をモニタリングし、中国の大学との共同研究開発を棚卸しして、豪シンクタンクであるＡＳＰＩが公開しているThe China Defence Universities Trackerでリスク評価をする必要がある。

第7章

ガバナンスの狙い

社内デカップリングと経済安全保障委員会

1 社内デカップリングの必要性

中国の法制化によって不可欠となったデカップリング

米国が２０１６年から着手した輸出管理法の厳格化と、18年から同盟国・友好国に求め始めた5Gインフラからのファーウェイ排除の動きは、デカップリング（分断）が必要になるという危機感を、日本の産業界に徐々に醸成させてきた。だが、日本の産業界は、米国政府の方針を受けて、まずは米国企業がどう動くかを見定め、それから自分たちは考えればよいと、いまだに様子見の姿勢を続けている。

だが、２０２０年12月1日、中国政府も攻撃的と言わざるを得ない中国輸出管理法を施行し、約半年後の21年6月10日には、反外国制裁法を制定した。外国政府から制裁を受けた場合の報復行為を法制化したものであり、中国への制裁を行った外国政府の意向に従った企業を含めると解釈される可能性があるという。米国政府の制裁に従って動いた日本企業も対象に含まれる可能性が高いと、専門家は指摘している。

このように、米国への報復を目的としたルール形成を進める中国の動きによって、米国政府の制裁に受け身の姿勢で従ってきた日本企業は、もはや様子見ではいられなくなっている。中国との結びつきが強い日本は、漫然と米国政府の政策に従っているだけでは広い範囲での中国政府からの制裁を受けるリスクが高まったのだ。

中国で事業を継続するだけでなく、成長させ続けるためには、米国と中国それぞれに対する戦略性を持った向き合い方を考え、機先を制する形でリスクに挑み、チャンスに変えていく姿勢に転じる必要がある。

問題は、中国とのビジネスを継続したい日本企業が、中国との取引が大きいと言う割には、中国政府の政策への影響力が現実には大きくないことだろう。

関係筋によると、中国輸出管理法に対し、日本の産業界は草案の段階から内容に懸念を示してきた。その窓口を担ってきた一般財団法人安全保障貿易情報センター（以下、CISTEC）は、2020年10月19日、「中国の現地拠点、工場、研究機関等に出向あるいは現地採用されている日本人の日常的な技術情報のやり取りやデータへのアクセスが許可対象となる恐れがある」として、中国政府に対して最後のメッセージとも言える懸念を発したが、完全に無視された格好だ。

日本の産業界はこれまでも、インターネット安全法や国家情報法の草案に対し、懸念を表明してきたが、そうした懸念などまったく聞き入れられてこなかった現実を、冷静に評価する必要がある。

近年、日本からの提案が政策レベルで聞き入れられた成功事例は、ハイブリッドカーも新エネルギー車として日本でいうエコカー補助金の対象に含められたこと。そしてEV100%化の政策からＥＶ50％、ハイブリッドカー50％への政策転換が２０２０年秋に変更されたことぐらいだ。これ以外はすべて、個々の日本企業が個々の中国企業とのビジネスでメリットを得ているだけであり、中国政府の政策レベルで日本が恩恵を受けたものは皆無に等しい現実を受け入れる必要がある。

善管注意義務違反リスクも引き下げる構造的なリスク遮断

中国が米国を参考にした攻撃的な輸出管理法を施行したことを受けて、中国からの制裁を回避するために、中国企業と連携して開発している新興技術情報の管理厳格化も不可欠となった。現在は暗号技術など、中国政府が輸出管理指定している範囲は限定的であるが、今後は中国のスマートシティで自動運転の実証プロジェクトに参画して得られた実験データや、ＩｏＴ化された最新工場の仕様など、様々な情報が輸出管理指定に追加されていくことは確実だろう。

２０１９年には、１９９８年から存在する法律が改正されて中華人民共和国人類遺伝資源管理条例が施行。外国人等による中国国内および国外で中国人のＤＮＡ情報のやり取りを禁じる内容へと適用範囲が拡大された。中国は既存の法律があれば適用範囲を戦略的に拡大し、なければ次々に新法を創設していくだろう。

米中が、両国間をまたがる新興技術情報のみなし輸出規制と、制裁を強化するルールの仕掛け合いを加速し始めた以上、新興技術を取り扱う事業に関しては、社内デカップリングは避けられない。そして、社内デカップリングの実施は、複雑に変化し続けるルールのなかで、政策情報を的確に把握していなかったために生じる善管注意義務違反のリスクを削減する効果をもたらす。

コストを考えれば、社内デカップリングをしない選択肢もあるだろう。だが、各国の経済安全保障政策を的確に読み解いて、みなし輸出が起こらない仕組みを世界規模で、運用でカバーすることが可能なのだろうか。そんな高度な運用が、今の経営陣で本当にできるのだろうか。経営の執行を株主に代わって監督する取締役は、みなし輸出違反のリスク回避策を、適切に打てていると、株主に説明できるだろうか。執行役がデカップリングをしないという判断をしたことの合理性を、株主に説明できるだろうか。その際、米国企業が行っていないから当社もやらなかったなどという理由が、合理的であると受け止められるだろうか。

基本的に、ガバナンス設計は、最もリスクを低減できる組織構造を選択し、残ってしまうリスクは運営方法を工夫して削減するのが鉄則だ。運営の工夫でリスクを削減しようとすると、どうしても属人的な運用になりがちなために、構造的に最もリスク量を低減できる組織構造を選択することが、組織論の原理原則である。

経営陣は、みなし輸出違反を起こす確率を最小化し、しかも善管注意義務違反に問われないためにも、社内デカップリングを断行すべきだ。

2　取締役と執行役員体制

米中間をまたがった事業を展開するうえで、取締役と執行役員の兼務は解消せざるを得なくなる。執行役員は業務の執行責任を負うことから、事業の細部まで把握するのが一般的だ。お飾りではない執行役員であれば、事業成長に不可欠な研究開発や、M&A、アライアンスに際して、技術優位を理解することが必要となる。

事業部内で実施している研究開発においても、開発プロジェクトのパイプラインについて実現可能性や他社の開発状況を踏まえた競争優位の状況を把握し、投資の優先順位や追加投資の規模を決断しなければならない。この時、なぜこの技術は優位なのか、どこがボトルネックとなって品質が安定しないのか、特許を取得すべきかなど、パイプラインに関する議論について詳細な報告を開発陣から受けながら、個別の判断を下していくことになる。

また、M&Aやアライアンスに際しても、相手が有する技術のどこを取り込むことで、技術面のシナジー効果が期待できるのか。技術面の優勢が高まることで、どの企業のどの完成品のコア部品として採用されるようになり、そこでの取引実績を通じて広がっていく新たな市場を視野に入れると、買収資金はいくらが妥当なのか。こうした議論を行うため、技術情報の十分な把握が不可欠となる。この技術情報が米国および中国が指定する輸出管理法の適用対象である新興技術情報であった場合、みなし輸出リスクを負うことになる。

執行役員は事業部やカンパニーだけでなく、コーポレートの担当においても存在する。コーポレート担当の執行役員の場合は、まだどの事業に貢献するか定かではない全社で活用可能性がある基礎研究に責任を有することが多い。ＡＩなどはまさにどの事業でも応用可能性があり、特定事業部門での研究ではデータの利用効率が上がらないため、全社横断の研究開発部門が担っていることも少なくない。ゆえに、コーポレートでも執行役員は細部まで技術情報に触れるため、事業部門と同様のリスクを抱えることになる。

このように、執行役員は新興技術情報へのアクセスが回避できないことが多いため、米中をまたがって情報を保有するリスクがある役職の兼務を避けることは必須となる。同時に、株主資本の効率化を実現する全社最適の経営が行われているかを、株主に代わって監督する役割である取締役を兼務することも、避けることが必須となる。

会社経営が執行役員によって適切に行われているかを監督する際、中国市場向けと米国市場向けの研究開発案件に対し、どのような理由からどちらが優先されているかについて、合理的な意思決定が行われているか否かをチェックする必要がある。だが、どちらの技術がどのような点で優れているから、どちらに投資したのか、という説明が行われることは、取締役が技術情報に触れることになり、みなし輸出リスクを負うことになるので回避する必要があるのが、米中冷戦によって生まれた新しいリスクだ。

つまり、取締役が米中をまたがって経営の執行を監督するためには、執行役員が把握する必要がある新興技術情報の粒度を踏まえれば、取締役と執行役の兼務が両立しないのだ。

既に、ある大手エレクトロニクス企業では、米中をまたがった執行役員の配置を見直した。この企業では、家電製品事業と住宅事業の両方を手掛けていたが、家電製品のＡＩ化と住宅のＡＩ化が進み始めた結果、米中間でのみなし輸出リスクが急激に高まったのだ。

当初は、中国の住宅市場において、北米で開発したＡＩ搭載型家電製品群を、あらかじめ備え付けて中国で住宅販売していた。だが近年、住宅そのものにＡＩを搭載し、居住者に快適な空間を実現するＡＩ搭載ハウスが誕生し始めた。

結果、中国の住宅事業ではＡＩ開発に取り組む中国新興企業とのアライアンスが進み始め、米中をまたがる形でＡＩ技術情報に、執行役員がアクセスしてしまうリスクが高まってしまった。この企業では、両事業をまたがった執行役員の兼務を解消することにした。

意外と見落とされがちなのが社長の兼務である。社長はＤＸ統括やＡＩ推進など、全社横断の取り組みをリードする事業や組織の役職を兼務していることが少なくない。執行役としてある程度深く事業を把握し、全体最適の意思決定を迫られる社長は、新興技術情報の中身には触れない範囲で、米中双方の情報をインプットする必要がある。ゆえに、事業や技術情報に深いレベルで触れる可能性がある役職の兼務は避けるべきだ。

3 不可欠となる経済安全保障担当役員

２０１９年12月4日、「会社法の一部を改正する法律」（以下改正会社法）が成立し、日本では社外取締役の選任義務化が２０２１年3月1日より施行されることになった。社外取締役は米中冷戦を生き抜くために、執行役の経済安全保障への取り組みについても、厳しくチェックしていく必要がある。

経済安全保障政策を理解していなかったために制裁を受けたり、サプライチェーンから外されたり、大口顧客から取引を打ち切られて業績が大きく落ち込んだりした場合、株主が取締役に対して善管注意義務違反で訴訟を行ってくる可能性が高まる。

特に、欧米の外国人投資家は経済安全保障政策に関する情報の収集力が高いことから、損失が生じた場合には、政策情報収集体制や対応準備計画の不備などを調べてくることは確実である。ゆえに、経済安全保障担当役員を配置し、経済合理性だけを優先した意思決定体制の見直しを図っておくことが不可欠だ。

これを知らしめる事例としては、ＬＩＮＥ問題が最適だろう。２０２１年3月23日、８６００万人の日本人ユーザーを抱えるＬＩＮＥにおいて、中国の子会社がユーザーの個人情報にアクセスしていたことに加え、動画や写真は韓国のサーバーにすべて保管していた事実が報じられた。記者会見でLINEの出澤剛社長は、「経済合理性を理由に続けてきたが、潮目の変化（安全保障への懸念の増大）を見落とした」とコメントした。

経済安全保障は、経済合理性をないがしろにする意思決定を、経営者に強いるのが特徴だ。しかも、規制にはなっていない段階で世間の懸念を踏まえて先行して対応する必要があり、サプライチェーンの二重化や、情報システムを他国の政府が推奨する基準に適合させるなど、コスト増を招く投資意思決定が強いられる。

それゆえに、経済合理性を最優先しがちな経営者に対し、経済安全保障の観点から非合理的な意思決定を強いる形で対峙できる経済安全保障担当役員の存在は不可欠である。

また、経済安全保障への対応投資を単なるコスト増に終わらせないために、それを強みに転じる経営戦略を描き、新たな成長を通じて投資回収できる経営へと変革させることが不可欠だ。具体的には、台湾有事への備え、人権対応、インテリジェンス機関との連携といった経済安全保障目線から対応を検討すべきテーマは、東芝機械ココム違反事件以降、企業が取り組み続けてきた輸出管理業務の範疇をはるかに超える経営アジェンダの設定である。

自社が取り組んでいる経済安保対応について、営業現場で的確な説明をすることはもちろん、この顧客から経済安保対応を評価されればほかの潜在顧客への強みになるといったように、顧客の獲得優先順位も変化させていく必要がある。経済安保担当役員は、投資回収を実現するために、新たな戦略ストーリーを創り上げ、業務活動を有機的に結びつける役割まで担うべきだ。

4 経済安全保障委員会の必要性

経済安全保障担当役員を置くことで、意思決定に際して経済安全保障の論点を差し込める構造は担保できる。だが、差し込む論点を構想することが困難である。国によって国益が異なるため、経済安全保障政策も国家間で差が生じ続ける。

2020年1月時点では、イギリスは米国からの度重なる要請を受けつつも、次世代通信規格「5G」のインフラからファーウェイを全面的に排除せず、限定的な使用を認める方針を発表していた。だが6カ月後の7月14日、通信各社に対して5G向け設備にファーウェイを用いることを全面的に禁止したほか、2027年までに既に購入していたファーウェイの機器を、通信網から撤去させる方針を示した。

ファイブアイズの間でも国益の違いが安全保障戦略の違いを生み、それが経済安全保障政策にも違いとなって表れた例である。

このように、数カ月単位で方針が変化する各国の経済安全保障政策を、企業は後手に回らないように情報収集能力を強化することで把握し、自社への直接的な影響はもちろん、自社の重要顧客への影響が結果として自社に及ぼす影響にも注意する必要がある。

だが、このような問題意識を持ったとしても、日本企業には安全保障政策に精通している人材がいない。ＳＣ制度がなくインテリジェンス機関とのネットワークもない状態で、各国の安全保障政策に関する情報を的確なタイミングで把握することは困難である。

この問題を解決する手段は、世界各国のインテリジェンス機関の出身者や、過去に政権で安全保障分野の補佐官などを経験し、現在もその国の政策コミュニティと関係を持っている人材を採用することだ。こうした人物をヘッドハンティングし、経済安全保障委員会を組成することが有効である。

この委員会の役割は、各国の経済安全保障政策に関する情報収集と、自社固有の経営アジェンダを創り出し、意思決定に反映することだ。全員をヘッドハンティングして雇用しなくてもよいだろう。顧問契約や業務委託契約など、多様な形式で自社のリソースに取り込んでいくことが有効だ。

最大の効果は、「そんな展開が本当にあり得るのか」という、自分たちだけの常識にもとづく前提条件を壊してもらうことだろう。信頼できるキャリアとコミュニティに根ざした情報に立脚した提案であれば、経営陣もしっかり耳を傾けられる。

大手日本企業のなかには、米国のシンクタンクに人を送り込んでいるところもある。だが、「若手で英語が話せる人材」を1年程度勉強のために送り込んでいるという状況にとどまっており、経営陣の意思決定を左右する情報源としては利用されていない。米中冷戦下で各国の政策に関与して来た本物の人材でチームを組成しなければ、意思決定を促していくことが困難である。

5　インテリジェンスで意思決定できる体質への変換

経済安全保障委員会によって経営判断に用いる情報の質が高まったとしても、最後の難関が存在する。それは、インテリジェンスにもとづいた意思決定ができるかどうかだ。

日本企業の本社の役員体制を見ると、日本人比率が圧倒的に高い企業が未だに少なくない。インテリジェンスに不慣れな日本人が、主に外国人で構成される経済安全保障委員会から提示されるインテリジェンス情報で意思決定できるかどうかは、深刻な課題になるだろう。

この委員会に属するメンバーがSCを有している場合、SCを持たない日本の経営陣に話せる内容は限定的にならざるを得ない。結果、意思決定に不可欠な〝なぜ〟に関する詳細な情報が機密情報ゆえに明かされないなかで、意思決定をしなければならない事態に追い込まれる。

おそらく、意思決定の場に出される情報は、細部が削られて結論のみが述べられるものにとどまり、詳細は共有できないという歯切れの悪い会話が続くはずだ。この状況を、不確実な未来をある程度の幅にまで範囲設定するなかで、仮説によって想定される展開や、形成され得るルールを予見することが可能になると捉え、能動的に情報を経営判断に活かせるかどうかが、勝敗を決するポイントになっていくだろう。

特に、誰もまだ騒いでおらず、政府としての公式見解もなく、日本政府からはどちらかといえば「騒ぎすぎているんじゃないか」という反応を示され、発注元からも要求されず、金融機関や監査法人からもリスクとして指摘されていない。しかもそれは非合理な要望であり、かなりのコストが発生し、実施する場合は自社だけでなく取引先を巻き込む必要がある面倒な活動を強いられる。こうした状況に追い込まれるのが、安全保障政策という情報にもとづく意思決定の本質だ。〝インテリジェンスにもとづいて意思決定する能力〟が、企業の競争力を左右する時代が始まったと捉えるべきだろう。

安全保障政策に関して正しい情報を収集することができたとしても、こうした状況下で意思決定ができない限り、情報を集める意味はなくなる。しかも、情報が使われず、現状が放置されれば、ＳＣ保有者やインテリジェンスコミュニティから参画した人たちは退職を申し出るだろう。なぜなら、そんな組織にいること自体がコミュニティのなかでの彼らの信頼をおとしめることになるからだ。だが、その政策はいずれ必ず強行される状況になり、それから対応するのでは確実に後手に回る。

これからの30年間は、安全保障政策情報を組織に取り込む力と併せて、自社が集めることに成功したインテリジェンスで意思決定できる体質をつくれるか否かが競争力を決するだろう。

その際に必要となるのは、実際には想定したほど厳しい政策には至らなかったとしても、安全保障目線から見て、最も高い基準の業務プロセスや、情報システム、ビジネスモデル、サプライチェーン、意思決定機構が構築されている会社の方が、信頼されるという哲学で経営に挑み続ける意思の強さだ。経済安全保障対応で出遅れなければ、大きく負けるリスクは低減できる。しかも自社が採用した基準に政策が追いついて合致すれば、一気にシェアを逆転できるなど、非連続な成長機会を手に入れることが可能になると認識すべきだろう。

その際、経済安全保障政策への対応には何らかのイノベーションの種が潜んでいると考えて、政策情報を読み解く能動的な姿勢が必要だ。各国は必ず、単なるコスト増に終わらないように、ビジネス機会を見出せる経済安全保障戦略を埋め込んでいる。対応コストは研究開発費の一部と位置付け、機会を活かす意思を持って、経済安全保障対応に価値を見出していくべきだ。

6 自由を具体化するルール形成の始まり

米国が対中政策として打ち出す様々な経済安全保障政策について、ルール形成の狙いを分析してみると、自由であっても守るべきルールの具体化に取り組んでいると捉えることが妥当だ。「自由なのだから何をやってもよいだろう」という考えで、大胆な行動を取り続ける中国に対し、自由であっても守るべきルールの具体化をしなければ、中国には自由が意味するものが伝わらないために、ルール化していると捉えることが妥当である。

2020年、米国は米国で上場している中国企業に対し、3年連続で米国監査基準を満たさない場合は上場を廃止させるルール「外国企業説明責任法」を法制化した。

米国では上場企業の会計監査を担当する監査法人を、上場企業会計監視委員会（ＰＣＡＯＢ）が定期的に検査し、財務諸表の質を担保する仕組みが運用されている。中国政府は、自国の監査法人がＰＣＡＯＢの検査を受けることを拒否し続けてきた。監査法人に蓄積されている中国企業の財務諸表を通じて、企業と中国共産党の関係に関する情報が漏洩することを懸念しているためだと報じられている。

中国企業の財務情報の透明性確保と開示品質を高めさせることは、自由であっても守るべきルール形成として重要だ。中国企業は、企業内につくられた党員組織を通じて、中国共産党の意向を最優先して従う。株主への配当や社債の償還よりも、中国共産党が求める中国人民解放軍の軍事力強化への肩入れが優先されてしまう可能性があるのだ。

中国共産党の指導によって、企業に利益の一部を使わせて軍事施設の開発や所有をさせることも可能だ。日本ではあり得ないが、「今期の利益が計画よりも出そうなら南シナ海の人工島を所有しておいてくれ」と中国共産党から指示された企業は断れず、貸借対照表の固定資産勘定に、人工島を計上してしまうのだ。

中国企業の財務情報が適切な開示品質を満たさなければ、企業がこうした形で協力して軍事施設を保有している事実を隠すことが可能となってしまう。しかし、これは株主や債権者が求める資本効率の最大化ではなく、株主や債権者を欺く行為に該当する。

【図表13】 米国は経済安全保障のルール形成と併せて自由貿易の下で「自由であっても守るべきルール」の形成にも着手。中国に対する自由の解釈づくりと理解することが妥当

自由民主主義の再構築

＋

自由貿易の再構築
（デジタル時代に即した貿易制度への変更）

＋

経済安全保障のルール形成
（新興技術情報管理の整備）

＋

自由であっても守るべきルールの形成
（中国への自由の解釈づくり）

議会で議論されてきている法案の一例

- S.1731 -EQUITABLE Act
  - ✓外国政府の管理下にないことを企業に証明するか、米上場企業会計監視委員会（PCAOB）が3年連続で会社を監査して外国政府の管理下にないと断定できない場合に当該企業の上場を廃止
- H.R.6614 -TSP Act
  - ✓米国の連邦職員や軍人の退職年金による中国企業株への投資を行わないことを求める（人権侵害やサイバー攻撃への関与が疑われる中国企業への投資を議会が疑問視）
- H.R.2713 -People's Liberation Army (PLA) Visa Security Act
  - ✓中国人民解放軍に関係する個人へのビザ規制を強化する
- SECURE CAMPUS Act
  - ✓中国国籍の人物が米国でSTEM分野における大学院・ポスドク研究を行う際のビザ規制を強化
  - ✓中国の海外人材獲得プログラム（注：1000人計画のようなもの）に関わる人物がSTEM分野における連邦R&D補助金を受けることを禁止
  - ✓米国政府の補助金を受けている米国大学・研究所に対して、中国の海外人材獲得プログラムに携わる人物を雇わないことを宣言させる
  - ✓米国政府の「経済スパイ活動」の定義に、中国による技術窃盗が含まれるように変更など

⋮

こうした行為も、自由なのだから計画以上に儲けた利益をどう使おうが勝手だろう、という中国流の自由の解釈の捻じ曲げがつくりだしているのが現実である。当然、中国が公開する中国人民解放軍の軍事費も、企業を通じて投じられている金額が非公開となるため、不透明性を助長することは言うまでもない。

米国の自由を具体化するルール形成は、中国側に改善を強いるだけにとどまらず、米国の投資家に対しても行われている。2020年5月、米国政府は中国人民解放軍に製品を供給している、または、人権侵害で米政府が制裁している中国企業に対し、連邦職員や軍人の退職年金基金の投資を止めさせるルールの検討に着手していることが報じられた。

これは米国のアセットマネージャーが中国企業の成長に目を奪われて、利益を最優先していることへの警戒から生じた。中国企業が米国から入り込む潤沢な資金を梃子に、不当な方法で新興技術開発を加速させるリスクを米国の投資家に認識させ、倫理的な側面から収益を上げる投資行動へ是正させるルール形成だ。

米国は、自由を逆手に取った中国の目に余る行動と、利益至上主義で中国に取り込まれた米国企業に対し、「自由であっても守るべきルールの具体化」によって自由主義の根幹をなす価値観を可視化しようとしている。その意図は、習近平が2017年1月、ダボス会議にて中国があたかも米国に代わる自由の守護神になるかのような発言をしたことが理由だろう。

米国は自由主義の価値観を可視化することで、真の自由主義と共産党にとっての自由の違いを明確にしようとしているのだ。「中国には中国式の民主主義がある」という言葉を中国政府は使い始めたが、今後は「中国式自由主義」も打ち出してくるはずである。これを念頭に置くと、米国は今後、様々な角度から自由を具体化するルール形成を展開して、中国共産党の異質性を際立たせ続けようとするだろう。

日本企業は、自由とは何かを具体化するルール形成が、安全保障戦略として繰り出され続けることを念頭に置き、規制化される議論なのかどうかを見定めていく必要がある。その際、非合理なルールであっても、安全保障の観点から繰り出されるものは確実に実現されるという原則を忘れてはならない。ルール形成の兆候を捉えて、インテリジェンスでの意思決定を断行し、先行して備えを固めていく必要がある。

7　規制に先行した自主規制経営の必要性

2020年2月、国家安全保障会議の国際経済担当部長を務めた経歴を持つCSIS上級副所長兼政治部長のマシュー・グッドマン氏を招聘し、ルール形成戦略研究所のカンファレンスを実施した。

この前年の2019年は、共和党のマルコ・ルビオ上院議員が中心となり、超党派で新たな安全保障に関する法案がいくつも提案された状況にあった。中国への技術移転を禁ずる「中国技術移転管理法案」や「米国安全保障ドローン法案」「コンピュータハードウェア・知的財産・共有の製造・投資・管理調査法案」など、新興技術情報の不正取得を阻止する視点から考案された多岐にわたる法案によって、抜け道を包括的に防ぐ創造的なルールが構想されていた。

当時、これらの法案の成立見通しについて、グッドマンに質問してみた時の回答は、これから30年間の米中冷戦を企業が生き抜くための視座を提供してくれるものであった。グッドマンは「こうした法案がすべて可決されることはないが、米国が何を考えているのか、何を懸念しているのかを世界に対して発信するシグナリングとして企業は捉えるべきだ」と解説した。

この言葉の意味は重い。経済安全保障政策を仕掛け合う米中冷戦下では、何度も言ってきたように企業はインテリジェンス機関や安全保障政策関係者との接点を能動的につくりだし、〝信頼を勝ち得ていく〟必要がある。SC制度がない日本としてはなおさらだ。「まだ規制になっていないから取り組まなくてよいだろう」という倫理観で経営していては、こうしたコミュニティから信頼は得られない。

インテリジェンスコミュニティの人々と話していて痛感することは、安全保障の目線から先手を打っていく意思と行動力の重要性だ。想定される懸念事項に対して、それが法制化されていないからやっていなかったなどという行動は、危機の放置でしかない。法律や規制になっていなくても、想定される危険に対して最善の手を打たずして信頼は得られない。

これからの企業経営には、「政府の規制よりも広い自主規制」を自らに課していくことが必

【図表14】 企業は各国で議論されている安全保障の懸念を踏まえ、法律にはなっていないが準拠すべき自主ルールを定め、その順守を客観的に証明する“自主規制経営”が必要

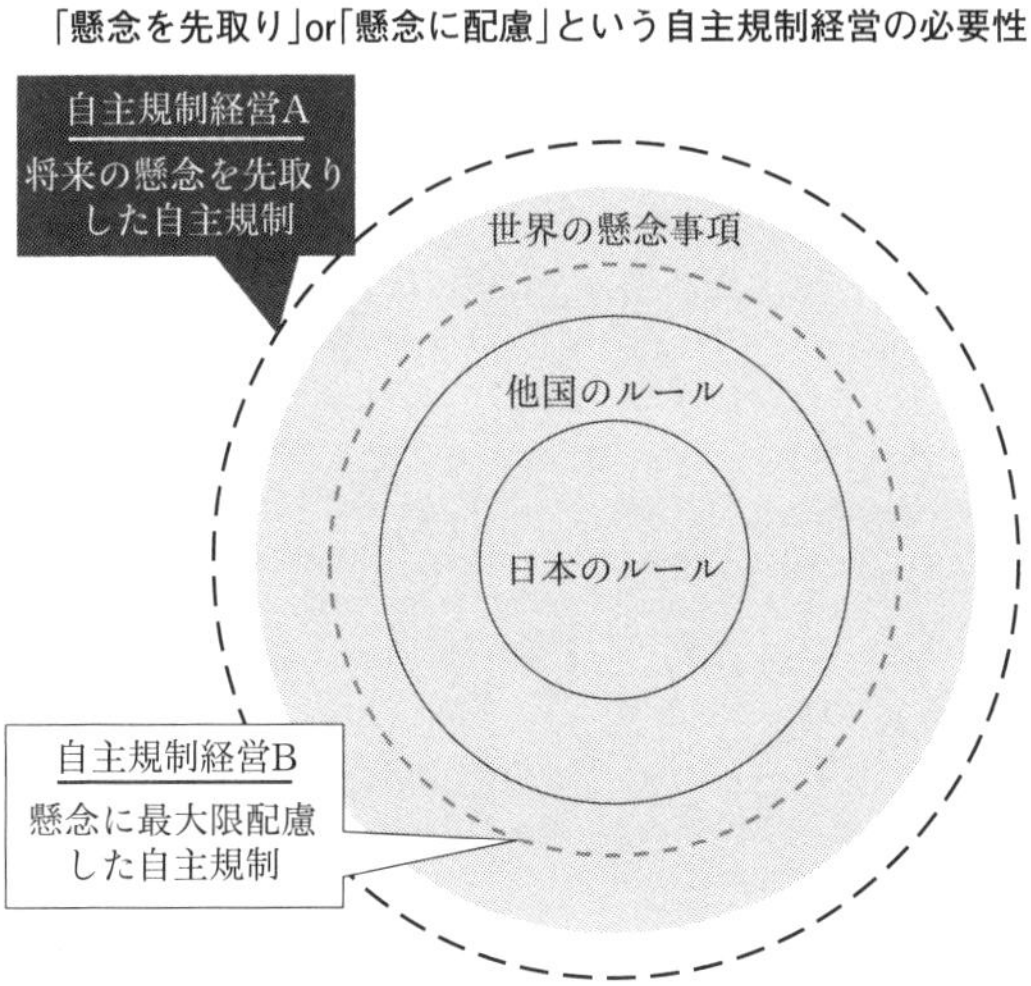

要だ。企業による自主規制の有効性を検証したうえで、政府が正式な規制にして新秩序の定着を図るという政策立案サイクルを、企業がリードしなければならない。新興技術が引き起こす社会課題や安全保障環境への影響は、そうした技術を開発し、試行錯誤を通じて社会実装していく企業の方が、政府よりも先に予見できるからだ。

米ソ冷戦まで、安全保障環境に影響を及ぼす技術開発は軍主導であり、軍事技術を民生に転用する流れが主流であった。だが現在は民間で、しかも消費者がその技術の使い方を開発していく過程で技術が革新されていくという新しい構図になっている。

結果、安全保障環境の変化を引き起こす技術の使い方の発見によって軍事技術へと変貌する。動画の編集能力の向上とYouTubeの普及によって生まれた新たな攻撃であるディープフェイクなどは、まさにその典型だろう。

ゆえに、企業は安全保障コミュニティで議論されている問題意識を共有し、懸念を踏まえた自主規制を先行してデザインし、経営に落とし込まなければならない。

日本企業が欧米企業に先行して自主規制を導入すれば、世界のインテリジェンスコミュニティはその有効性を分析する目的で対話の場を設けてくるはずだ。日本企業としては、これを信頼を勝ち得る場にし、安全保障政策に関する情報はもちろん、制裁リスクの低減につながる助言や研究開発に資する情報を得られるコミュニティに参画させてもらえる関係を、各国でつくりあげていくべきだろう。

こうした問題意識を体現し始めた日本企業が出てきている。ＬＩＮＥが引き起こした問題の解決に取り組んでいる親会社のＺＨＤだ。ＺＨＤはＬＩＮＥとの統合後、社内調査の結果、ＬＩＮＥが中国から日本の個人情報にアクセスしていた過去の事実を発見し、公表して特別委員会を立ち上げ、第三者からの意見にもとづく改善計画に取り組んでいる。筆者も委員に就任しているが（２０２１年７月現在）、筆者が就任を引き受けた理由は、ＺＨＤが特別委員会からの提言を待たずに、事前に最低限取り組む自主規制案を検討していたことにある。

ＺＨＤは、個人情報を今後は越境プライバシールール（ＣＢＰＲ）締結国でしか保有せず、情報システムはＬＩＮＥを含むＺＨＤの主要子会社についてはNIST SP800-171の技術規格で再構築する、という方針を打ち出したのだ。この2つは日本政府のルールにはなっておらず、大変厳しい自主規制だ。

本書を執筆している7月現在、まだ特別委員会は終了していないため、最終的にＺＨＤがやり遂げるかどうかは分からない。だが、高い自主規制を掲げて改革に挑もうとする姿勢は、米中冷戦下で自主規制経営とは何かを考えなければならなくなる日本企業にとって、大変重要な参考事例にしていくべきだ。

【チェックポイント】

・中国が輸出管理法と反外国制裁法を制定したことを受けて、米中双方からの制裁リスクが高まった。両国の新興技術情報を厳格に管理するために、構造的な分離を行う方が、運用でカバーするよりもリスクを低減できるという組織原則に従うことが望ましい。制裁リスクに対し、構造分離を選択しておいた方が、善管注意義務違反を問われるリスクを低減できる可能性が高いと想定される。

・技術情報に触れざるを得ない執行役員は、自身がみなし輸出リスクにならないように米中をまたがった役職の兼務を避けた方がよい。株主に代わって全体を監督する取締役との兼務も解消すべきである。

- 各国の経済安全保障政策に準拠するには、経済合理性に反する意思決定を強いるアジェンダをセッティングできる経済安保担当役員の登用が不可欠である。不透明な各国の安全保障政策情報を収集するには、インテリジェンス機関出身者等からなる「経済安全保障委員会」の設置が有効である。
- 米国は自由であっても守るべき自由のルールを具体化し、自由を逆手に取った中国の大胆な行動を是正しようと試みている。
- 米中冷戦下では法制化されずとも、安全保障上、配慮すべき懸念事項が生まれ続ける。企業は規制よりも広く社会を見渡し、懸念に最大限配慮、または懸念を先取りする自主規制にもとづく経営が必要となる。

第8章

人事管理の深化

新たなリスクを理解する人材の育成

1　安全保障政策としての倫理

フェイクニュースありきの課題設定

安全保障政策の研究で世界のトップに君臨し続けている米国のシンクタンクCSISは、Defending Democratic Institutions Project という民主主義制度を防衛するプロジェクトを、2019年に創設。そのなかで、Civics as a National Security Imperative（CIVIC）と題したサブプログラムが2021年から開始された。公民、倫理、市民論などの意味を持つCIVICの教育の在り方を、国家安全保障戦略の中核をなす重要テーマと位置付けたものだ。

カンファレンスではFBIのレイ長官が、CIVIC再教育の重要性を自分の子どもとの会話を引き合いに出しながら熱弁しているほか、軍人、教育者、判事らが参加して自由民主主義を維持するために三権分立がそもそもなぜ必要なのか、といった基本的な考え方から再教育する必要性を討議している。

人々の感情的な言い争いが、フェイクニュースによって生じたか否かをモニタリングすることは、FBIが担当する安全保障からはかけ離れている。本来は、テロリスクなどの可能性があるSNS分析等に注力するのが、FBIの本業のはずだ。だが、フェイクニュースによる意見の分断は、もはや新たなテロリスクとして無視できない脅威になっている。

興味深い点は、フェイクニュースによって分断に陥ってしまうのは、米国国民のCIVICに対する教育が不十分なために民主主義に不可欠な寛容さなどが欠落してしまったことに原因があると、FBIの問題意識が向けられていることだ。

自由民主主義を守るためには、相手の立場に立って意見を聞く姿勢や、意見の違いを乗り越えて相互理解をしようと努力する姿勢を個々人が持つことが必要であると真剣に語られている。米国の真の課題は、相手の意見を聞き入れることができないほどに、憎悪や保身が強まってしまい、民主主義の基盤に不可欠なファクトにもとづく理性を保った建設的な議論ができなくなっていること、意見の異なる人同士が妥協しつつも合意を形成することができなくなってきていることにあるというのだ。

当初、米国では、民主主義の開放性を逆手に取ったフェイクニュースによる攻撃が分断を生み出しているとして、インテリジェンス機関によるフェイクニュース対策と、GAFA（Google、Apple、Facebook、Amazon）などのSNS運営事業者への運用改善に注力してきた。しかし、カンファレンスを通じて垣間見えるのは、フェイクニュース対策の限界を受け入れ、本質的な問題である民主主義の基盤をなす米国民のCIVICの崩壊に目を向け始めたことだ。これは、フェイクニュースへの耐性を創り上げるために、課題をより本質的かつ広範囲に構える政策への転換を意味する。

ＫＹを論じられる日本を強みに

米国では基盤的な弱さの原因が、意見の異なる相手の話を聞く力の根幹をなす倫理教育が不十分であったことにあるとして、倫理教育に注目が集まり始めている。日本では単一言語ゆえに、話が伝わることは当然とされ、雰囲気から状況を理解して適切な発言ができるかどうかが重視される傾向にある。適切な発言ができない状態を皮肉っているとも思えるＫＹ〔空気〔Kuki〕が読めない〔Yomenai〕〕という言葉があるが、ある意味で、今の米国に求められているのは、空気を読むことができる相互理解の力なのかもしれない。

日本においても、将来は意見が分断され米国化するリスクを指摘する専門家もいる。幸い、現時点で日本が意見の対立によって分断していない要因は様々だろう。だが、企業経営との関係で捉えると、そこには日本企業が地域社会の分断リスクを解決できるヒントが潜んでいる。

日本企業が高度成長期につくりあげた終身雇用制度は従業員同士が家族のような関係をつくり、工場や社宅は地域のコミュニティづくりにも貢献してきた。地元の盆踊りに会場を提供したり、運動会や餅つき大会を開催して地域の子どもたちを積極的に呼び込んだりなど、日本企業の地方拠点が、こうした地域住民とのつながりを大切にしてきた。同時に、社宅や企業城下町といった仕事で関係する人たち同士の生活圏での暮らしは、仕事への影響を恐れて、自然に世間ズレを敬遠するような雰囲気も創り出していった。

このような同質化された環境で育った現在の60代、70代が経営を担う世代となり、その思想の下で育った子どもたちの世代である30代、40代、50代が中間管理職を占めているのが、経団連加盟企業だ。ベンチャー企業も増えてきたとはいえ、未だに経団連に加盟する大企業の産業全体への影響力は大きく、ゆえに、日本人の相互理解の基盤は崩れずに済んでいる可能性が高い。

筆者は仕事柄、日本企業の海外拠点の現地社員へのヒアリングも数多く実施しているが、面白いことに、日本企業に採用されている欧米拠点のメンバーと話すと、日本人的なコミュニケーションスタイルが意外にも染みついている。周りを見ながら発言し、合意形成のために根回しもしっかりとするのだ。捉え方を変えれば、日本企業は雇用している社員に対し、倫理観や社会と向き合うモノの見方や、姿勢の形成に影響を与える力を持っているということだ。

コミュニティ形成のチャレンジを研修に

分断している社会においても、働くことは不可欠であり、就業時間の間は、理性的に互いが協力しなければならない環境に置かれる。日本企業が行ってきたように、各拠点が地域社会との接点を積極的に持ち、社員教育に、民主主義社会の分断を回避するコミュニケーション能力やコミュニティ形成力の育成を戦略的に織り込むことは有効なはずだ。人事部は、これらの研修で得た気づきをその場限りで終わらせないように、実践環境での試行錯誤まで含めたカリキュラムをつくるべきである。

実践環境とは、海外の各拠点で、研修を受けた人材が中心となって、地域社会とのコミュニティ形成を目的とした活動の立ち上げを行わせることだ。また、社内やサプライヤーとの間でのコミュニケーションの機会をつくり、立場の違いを乗り越えるコミュニケーションを伝播させていく取り組みも行わせるべきである。こうした取り組みを人事評価の目標管理プロセスのなかで明記し、所属長も必要な支援をしていくのだ。

これは、第3章でも述べたように、「理性的に問題を解決できる人材の数を世界中に増やすこと」を意図した人材教育投資とも、相乗効果を発揮するはずだ。

昨今、日本企業も取り組み始めたダイバーシティやインクルージョンといったテーマの研修は、受講している日本人社員には、必要性や紹介される事例を身近に感じられない人たちが少なくない。だが、これまで述べてきた文脈を踏まえれば、分裂リスクをはらむ民主主義国にとって、これらの研修がいかに重要なテーマであるかを理解できるはずである。

日本企業の人事部門は、民主主義国において、地域社会の分断リスクを低減し、コミュニティの再建に貢献する人材育成機関を自認した研修カリキュラムの開発を行うべきだろう。

2　ゼロデイ情報を扱える人材獲得に不可欠なSC制度

産業のIoT化で重要性が高まるゼロデイ情報

人事管理において、なぜゼロデイ情報などという技術に関する小難しい話が出てくるのかという疑問を持たれるだろう。だが筆者は、SC制度とSC人材の重要性に対する人事部の理解が高まらなければ、この人材を利用する研究開発部門との連携が機能しないことを、多くの企業との討議を通じて実感している。

人事に携わる方々には、SCの重要性を理解し、世界各国のSC制度およびSC保有人材のマネジメントに関して、自社の海外拠点や欧米の競合他社の取り組みについて情報収集することから着手してもらいたい。

まず、NVD（National Vulnerability Database）の理解から始める必要がある。NVDはIoT製品を含む情報システムの脆弱性情報を登録するデータベースであり、米国ではNIST（米国立標準技術研究所）が運営している。NVDには、メーカーが新製品を市場に投入した際に、この新製品の脆弱性の存在を認め、修正や機能追加を行う修復ソフトであるパッチの開発が完了しているかなど、同研究所の開示に応じた脆弱性情報だけが登録されている。

メーカー自身が気づかずに、ホワイトハッカー（システムの脆弱性を発見する善良な目的のために技術を活かすハッカー）によって脆弱性が発見された場合はまず、製品を開発したメーカーに連絡し、ＮＶＤに届けてよいか許可を得ることになっている。

許可を得た場合は、メーカーが脆弱性を解決するパッチを先に開発し、製品の購入者や利用者に対して配布準備が整った段階でＮＶＤに登録する運用になっている。

ＮＶＤは脆弱性の危険度などを格付けしており、誰でもオンラインで閲覧できる。ここで重要なことは、製品を市場に供給した後に見つかった脆弱性には、パッチが開発されるまでの一定期間、放置されている時間が存在することである。この状態にある脆弱性情報を、業界では「ゼロデイ情報」と呼んでいる。ゼロデイ情報を利用してシステムに侵入し、バックドアを仕掛けて気づかれないまま情報を抜き取る手段は、サイバー攻撃の定番とされている。

現在米国では、ゼロデイ情報に関する新たな法案が提案されている。法案の目的は、パッチがつくられてからユーザー側で実装されるまでの間にハッカーが情報インフラに侵入するのを防ぐことだ。そのため、ゼロデイ情報を含む脆弱性情報について、３つの新たな法的義務を課すことを目指す内容になっている。

第一に、政府が購入するＩｏＴ製品について、これまでは任意であったＮＶＤへの脆弱性情報の登録を義務化する。第二に、ＩｏＴ製品を政府に納品するサプライヤーには、ＩｏＴ製品の脆弱性の有無をＮＶＤで事前にすべて確認することも義務付ける。第三は、これまでは登録対象ではなかったゼロデイ情報が発見された際には、ＮＶＤに迅速に登録することも義務付け

【図表15】日本にはセキュリティ・クリアランス制度がないため、IoT製品のセキュリティ品質の確保に不可欠なゼロデイ情報へのアクセスが認められず産業競争力が低下する恐れ

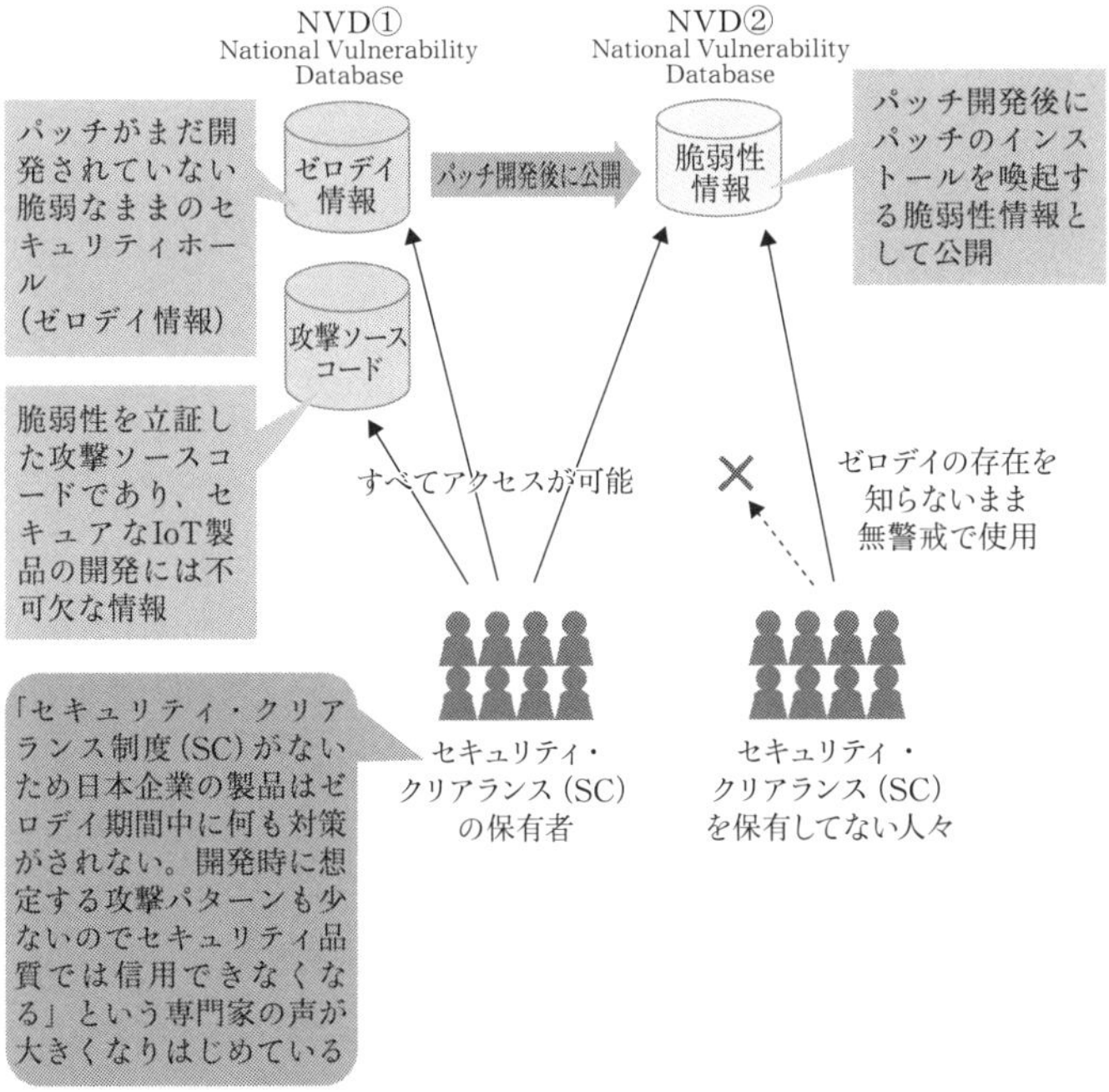

出所：2019年3月にCRSが実施したワシントンD.C.でのインタビュー結果

ようとしている。

ＮＶＤへの登録は米国政府向け製品に限定されているが、パソコン、プリンター、スマートフォン、エアコン、監視カメラなどの製品で、一般消費者向けと米国政府向けで仕様が大きく異なることは稀である。加えて、米国政府に採用されるためには、一般市場で一定期間の利用実績が必要となるため、市場に出回るすべてのＩｏＴ製品のゼロデイ情報がＮＶＤに登録されることになるのだ。

だが米国家情報長官から２０１３年12月16日に発行された"U.S. Insider Threat Security Classification Guide"では、ゼロデイ情報はＳＣがなければ見ることができないＣＵＩ(Controlled Unclassified Information：管理対象となるが秘密指定されていない情報）に位置付けられている。これは非常に稀なカテゴリーである。

通常、ＳＣがなければ見ることができない情報は国家機密情報である。だが、主に民間が取り扱う国家機密に当たらないＣＵＩの一部を、ＳＣ保有者にしかアクセスできない位置付けにしているのだ。

この稀な定義が、ＩｏＴ製品の開発には大きなインパクトを与える。ＩｏＴ製品の開発に不可欠なゼロデイ情報へのアクセスを行うには、ＳＣ制度が不可欠になるからだ。

ＳＣ人材市場

第2章で少し解説したが、ＳＣ制度は重要な機密情報の漏洩を防ぎ、機密情報を悪用しない人物であることを国が証明する信用資格制度である。取得に際しては犯罪歴、麻薬使用歴、財務状態など多様な評価項目で分析され、アクセスできる機密情報のレベルによってランクが異なるアクセス権が付与される。

日本企業にとっての問題は、ＮＶＤに登録されるゼロデイ情報へのアクセス権が、ＳＣ保有者に制限されることだ。結果、ＳＣ制度のない日本企業の研究開発力が低下するリスクが高まる。だが、日本では、研究開発部門の人々がこうした構造的な課題をまったく理解していないという状態が続いている。

米国は政権が交代する都度、省庁に存在する4000を超える政治任用ポストの入れ替えがあり、民間人も登用される政治システムである。ゆえに、ＳＣを取得した人材が民間企業と政府を行き来する構造になっている。政府の機密を扱うためにＳＣを発行してもらって政府に入り、その後、民間企業に戻ってもＳＣを保有し続ける人が少なくない。また、政府の機密を扱う仕事が民間企業にも多数委託されていることから、民間企業のなかにもＳＣの保有が必須の業務が存在している。

日本のＳＣ保有者の98％は政府職員であることを踏まえると、日本政府との間でＳＣの相互認証を行っても、ＮＶＤへのアクセスが許される人材は、日本政府職員に限定されてしまう。

莫大な製品アイテムについて、ＩＴの知識がなければＮＶＤへの登録情報を理解できない。ＳＣを保有する日本政府の職員がＮＶＤにアクセスし、民間企業に共有する案もあるが、このような運用は非現実的だ。

日本の民間企業にSC制度がないことの損失

このように、日本企業の社員へ普及させるＳＣ制度がないなかで、産業のＩｏＴ化が進んでいくことが、すべての産業において競争力を失わせていくリスクになり始めていることを、人事部は理解しておく必要がある。これは企業競争力の前提条件を変えるパラダイムシフトであり、今までまったく重要ではなかった社会制度の有無が、ＩｏＴ化によって日本の構造的弱みとして突然顕在化し始めているのだ。

自動運転を例に考えてみよう。自動運転に関しては、ＡＩ技術や地図情報・画像解析技術など様々な分野で米国のＩＴ企業が優勢であるため、日本の自動車メーカーもここ数年シリコンバレーへの投資やアライアンスを進めてきた。だが、ＳＣ保有者がいないことを理由に米国企業がゼロデイ情報を日本企業に開示できていないことにも気づかないまま、日本企業は米国企業と向き合っている。一方、テスラやＧＭのＳＣ保有者で構成されている研究開発部隊にはゼロデイ情報はどんどん開示されるため、リスク管理能力は確実に米国企業の方が高まっていく。

自動運転においては、サイバー攻撃に対する防衛能力が消費者の生死を分ける。ＥＳの攻勢によって経済戦争が激化していくことを踏まえると、日本の自動車メーカーが入手しているサイバー攻撃に関する情報量の少なさを突いた販売規制や流通規制を、SC制度導入国が仕掛けてくる可能性も念頭に置く必要があるかもしれない。

この手の話は自動車にとどまらない。IoT化が進む電力インフラにおいては、スマートメーターが改竄されて需要予測が狂わされるだけで発電設備の稼働率を大きく変えてしまう。タービンの稼働状況を示すデータに異常値を紛れ込ませて、異常データを感知したオペレーターがタービンを停止させて点検するだけで、発電設備の稼働率低下は容易に実現する。こうした点検による頻繁なプラントの運転停止は、燃料の燃焼効率を低下させる、日本の電力インフラが売りにしている低CO_2運転という競争優位を失わせることになる。

2017年に財政破綻したプエルトリコでは、公営電力会社のスマートメーターにサイバー攻撃が仕掛けられ、電力使用量が実際の供給量よりも低く算出させられ、400億円の徴収漏れが生じていたことをFBIが報告した。経済規模の小さな途上国では、公営の電力会社は重要な税収源である。同様の事態が発生すれば、国家運営に深刻な打撃を与えることになる。

そうした国に向けて質の高いインフラ輸出を狙う日本企業にSC保有者がいないために、電力インフラを構成するIoT機器のゼロデイ情報が得られないとなれば、リスクが高く信頼できないと受け止められる可能性が生じるかもしれない。

また、これは日本企業だけが知らない社会制度に根ざした課題であることから、既に中国や韓国などの競合国によって「日本のインフラはゼロデイ情報へのリスク対応ができておらず危険だ」とネガティブキャンペーンが展開されている可能性も織り込んでおくべきかもしれない。

最大の問題は、日本の産業界がこの危機に気づいていないことだ。日本の大手企業の経営企画部や人事部と話をして驚くのは、SC制度が存在していることすら知らない人がほとんどなことだ。自社のグローバル拠点における他国の国籍の社員のなかに、SC保有者がいるかどうかなど調査したこともないのが一般的な状況である。

日本の産業界がSC制度がないことを問題視し、日本にSC制度が必要だという声を上げていかなければ、立法事実がない状態が続き、日本政府も検討できないことを、企業側は理解しておく必要がある。

日本企業に有効な、オーストラリアのSC制度の仕組み

既に解説したように、オーストラリアのSC保有者は、オーストラリア政府が定めるガバナンス要件を満たしている日本企業で働くのであれば、SC保有の継続が認められている。現実は明かされていないが、ファイブアイズの一角を担うオーストラリアであれば、米国のNVDが政府の機密情報ではないCUIであることを踏まえると、NVDにアクセスできる可能性が極めて高いと見てよいだろう。つまり、オーストラリアのSC保有者を、NVDへのアクセス人材として戦略的に活用する方法を検討してみる価値は、十分にある。

オーストラリアでは、SC保有人材数が産業競争力になることを見越して、2010年にオーストラリア政府セキュリティ審査機関（AGSVA）を国防総省の下に創設した。それと同時に、政府のSC取得審査コスト削減のために、安全保障に関係する産業に対しては、民間企業側がSC審査コストを負担する制度運用が、2015年から始まっている。

政府が定めるガバナンス要件を満たしている企業で構成されている〝スポンサー〟という枠組みに、SCを社員に取得させたい企業が加盟することをルールにしている。SC申請は個人ではできず、まず、その個人が所属する企業がスポンサーとして加入し、その企業の社員ゆえにSCが発行される仕組みになっているのだ。転職時には転職先の企業が代わりのスポンサーになることで、転職後もSCの保有が維持できる。

SC発行を求める機関は政府・民間を問わず、AGSVAに申請を行う。AGSVAがSC発行の最終決定権を持つが、実際の調査は政府から認可された民間の審査会社（2018年時点では24社）に、一部の業務が外部委託されている。

これら審査機関が集めた情報から、AGSVAがガイドラインを参照しつつ、最終的にどの機密レベルのSCを発行することが可能かを判断する流れになっている。

AGSVAは、156の政府機関と民間企業にSCを発行している。だが、例外として保安情報機構、国外諜報活動を担当している秘密情報機構、インテリジェンス機関間の調整機能を担っている国家評価室、連邦警察、外交防衛省の5機関については、それぞれがSCを独自に発行している。

オーストラリアのSC発行基準を規定する100ページほどのガイドラインには、最終判断の主な考慮要素として以下7点が挙げられている。①外国への忠誠度、②個人的関係と行動、③財政的考慮、④酒類・ドラッグの使用、⑤犯罪歴、⑥セキュリティに関する態度と違反、⑦精神衛生状態。

また、⑴判断力の欠如、⑵不正直さ、⑶不寛容・柔軟性のなさ、⑷未熟さ、⑸信頼性のなさ、⑹無責任、⑺脆弱性、⑻精神的不安定性、の8つの事項について繰り返しが見られる場合は、SC発行が拒否されるようになっている。

AGSVAは2015年度、4万2872件のSC審査を完了した。平均発行所要時間は、四段階に分類されている機密情報のアクセスレベルによって異なる。ちなみに、2015年から16年にかけて申請されたアクセスレベルごとの平均発行所要日数は、レベル1が33日、レベル2が149日、レベル3が216日、レベル4が521日となっていた。SC審査依頼数は年々増加しているが、平均発行所要期間は短縮傾向にあり、生産性を高めることに成功しているという。参考までに、米国は2015年度に63万8679件のSCを発行している。

バックグラウンド調査の厳密性は、四段階に分類されている機密情報のどのレベルまでアクセスを希望するかによって異なる。審査費用も機密情報アクセスレベルによって異なる。また、これら費用は毎年変動する仕組みとなっている。

参考までに2018年の初期申請費用は、レベル1が約5万円（637・67ドル）、レベル2が約10万円（1327・37ドル）、レベル3が約17万円（2267・54ドル）、レベル4が約80万円（1万713・95ドル）となっており、更新費用は取得費用と同額で運用されていた（1オーストラリアドル＝75円で換算）。

人事部主導でのSC人材管理

ここまで読んで気づかれたと思うが、オーストラリアのSC人材採用コストはそれほど高くない。逆に、この程度のコストで米国のNVDへのアクセス権を獲得できるというのであれば、民間人へのSC制度がない日本企業は、オーストラリアのSC人材を戦略的に大量採用していくべきである。

元来、人事部が特定の国の特定の要件を満たす人材を、事業部からの要請ではなく、人事部からの働きかけで採用戦略に組み込んでいくことは一般的ではない。本来であれば、このような人材が欲しいという事業部門からのニーズを踏まえて、適した採用戦略を立案する。

だが、既に述べたように、事業部門がSC制度の存在に気づいておらず、他社がどのようにSC人材を活用しているのかをまったく把握できていない。よって、人事部門から、SC人材という日本ではまったく認識されていない「民間人でありながら機密を扱うことができる特殊な人材」という人材カテゴリーを事業部門に示し、こうした人材をグローバルカンパニーは事業戦略にどのように活用しているのかという情報提供を行っていく必要がある。

このような取り組みを行っていくために、人事部はまず、自社に所属しているSC人材が各国の拠点に何名おり、どのランクの機密にアクセスできるSCを保有しているのかという人材の棚卸しからスタートする必要がある。そのうえで、SC保有者にはSC保有を継続するために必要な会社としての体制構築や、会社として協力できる事項の有無を確認し、可能な限りSC保有を継続できる環境を整える必要がある。

SC保有人材が取り扱う情報は、当然ながら特別な技術仕様のシステムで管理する必要がある。各国が推奨する機密情報を取り扱う情報システムの技術規格を確認し、SC人材向けには別のIT環境を提供することも検討する必要があるだろう。第10章で情報システムの課題について解説するが、米国であればSC保有人材が利用するインフラに限り、NIST SP800-53の導入が不可欠になるだろう。こうした情報システムの技術規格がそれぞれの国に存在していないか、情報システム部門と連携して人事部が中心となって確認すべきだ。

SC保有人材をNVDへのアクセス以外に、どのような部署やポストで戦略的に登用するのかという人材活用戦略の観点から、SC人材の価値を見出すことも必要である。これを把握するうえで、ClearanceJobsという海外で公開されているSC人材向けの転職情報サイトなどは、世界各国の企業のSCが必要なポストが参照できることから、是非サーチしてみてほしい。

3 人事異動のブロック化

米中冷戦の激化は、人事異動の在り方を抜本的に変える可能性が極めて高い。筆者が相談にのったある大手企業では、新興技術開発に携わる若手から、「中国への転勤はしたくない」という声が上がり始めたという。

上司が本人の主張を詳しく聞いたところ「そもそもこの会社に長くいるつもりで入社したわけではなく、経験を積んだらより自分に適したキャリアを積みたいと考えている」「この会社で中国拠点に勤務して現地の研究開発プロジェクトに参画したら、将来、米国で働くことが難しくなるのではないかと感じた」という。また、「中国からもモニタリングされ続け、いつ、輸出管理法に違反したと言われるか将来が不安になるのは嫌だ」というのだ。

このような意見を会社に対して伝えている社員に対し、中国勤務を命じることは、パワハラになる可能性がある。昔は辞令が発令されればどこにでも行くことが当たり前とされていたが、今の若い社員は終身雇用など最初から前提にしておらず、期待もしていない。転職が当たり前で、転職前提で今の自分に最適な経験ができる場を追い求めている。パワハラにもなるが、今の若い社員は意思に反する異動命令を出せば、簡単に退職する。

今後、このような反応を示す若手社員は、優秀であればあるほど増える可能性が極めて高い。

特に筆者が注目しているのが、コロナ禍によって日本の中学生、高校生、大学生の対中感情が一気に悪化した可能性が高いことだ。甲子園、インターハイ、修学旅行など青春時代の貴重なライフイベントが中止となり、努力して入学した大学では友達もつくれず、バイトもできない状態に追い込まれた若者が少なくない。

日本の民間団体「言論NPO」と、中国の外国向けの出版発行機関である「中国国際出版集団」は、両国の18歳以上を対象に、毎年世論調査を行っている。調査結果を見ると、中国に対する印象が悪いと答えた日本人の割合は2008年から70％以上が続き、12年から80％を超えて20年にはとうとう89・7％に達している。18歳以上がこのような対中感情であるのに加え、中国との接点がまだないような中高生でも今回のコロナ禍によって中国に対する印象が悪化している模様だ。

このような感情を抱いている若者が、米中冷戦下でグローバルに活躍する人材を目指したいという夢を描いた時、その後の異動に制約が生じるリスクと感じる中国での勤務を望まないのは自然だろう。こうした反応を示すのは日本人社員だけではないことも念頭に置く必要がある。企業は、中国勤務を命じたら辞めてしまう社員が増えていくことを前提に、ジョブローテーションを考える必要に迫られるようになる。

今後、中国事業を成長させるためには、中国人の学生を現地で採用し、現地の幹部に登用していく必要がある。中国の影響圏となった国々でのビジネス展開は、中国人社員を通じて成長戦略を描く方が、現地の事業リスクも的確に把握した計画を立案できるようになるだろう。人事部は、中国への人事異動が日米欧の人材では行えなくなる可能性を織り込んで、中国事業を成長させる人事戦略を考える必要がある。

中国法人が中国人社員だけで運営されるようになれば、第6章で詳細に解説したように、共産党員からなる党組織の影響力が、人事部に対しても大きな力を示してくるようになることを前提に、中国法人の人事部の在り方、本社人事部の在り方も検討していく必要があるだろう。

4 主観を覚醒させる研修の必要性

30年以上、続く可能性がある米中冷戦下で企業を存続させ、米中の対立によって生じる様々な想定外の事態を成長の機会に変える、または危機に対して迅速に対処し続けるために必要な組織能力を人事部は開発しなければならない。

米中冷戦は戦争ギリギリまでの争いを経済戦争によって実行する。第6章でも述べたように、ESを繰り出し合う経済戦争下では、原因不明の工場火災や故障、サイバー攻撃によるオペレーションの混乱、技術情報漏洩を狙った訴訟攻撃、民主主義の体現の不徹底を理由とした名指しでの批判や制裁、デモに参加した社員の身柄引き渡し要請への従業員からの反発など、旧来のリスクとはまったく次元の異なる多様な危機を、機会に変える組織能力が求められる。

米国では共和党員の4分1がQアノンという陰謀論を信じており、暴徒化する恐れが高まっている。日本企業の米国法人にもQアノン信者が多数勤務している可能性が高いが、その状態を前提に社内コミュニケーションの方法を考えている企業はまだない。

中国の新疆ウイグル自治区での強制労働リスクに関しては、欧米だけでなく、この問題をイスラム教徒への攻撃とみなしている中東諸国の目も意識した行動をとらなければならない。

客観的な事実や前例を積み上げて会社が想定すべきリスクを描くお行儀の良い検討アプローチでは、戦争ギリギリの戦いが巻き起こすリスクシナリオなど構想できない。

米中冷戦下でのリスクを読み解くには、客観性が担保されて体系化された情報だけで判断することは適さない。こんなことが騒がれているということは、こんなことが起こるのではないかという、雰囲気、噂、憶測、遭遇した現象など、主観的な感覚情報にもとづかなければ察知できない。

言うなれば、主観の覚醒が世界各国にまたがる組織全体に求められているのだ。日本企業はグローバル企業でありながら、本社には世界の雰囲気が伝わってこない。

検討資料をあまりにも客観化、体系化することにこだわり、主観的な情報を削ぎ落しすぎる結果、当事者意識も薄れてしまっている。危機を乗り切るには、直感を組織レベルで働かせる必要がある。一人ひとりが直感を働かせて危機を雰囲気から感じ、感じた危機感を言葉にしなければ組織は動かない。直感を機能させるには、主観が必要だ。主観という自己が目覚めているからこそ、本能である直感が機能する。客観的になりすぎていては、直感は働かないのだ。

人事部は、30年間の米中冷戦期を乗り切れる危機への対応力を組織レベルで高めるために、主観を覚醒させる研修に取り組まなければならない。近年注目されているアート思考の本質的な価値は、主観を覚醒させることにこそ存在する。アート思考の研修を、主観を覚醒して直感が働く組織にし、米中冷戦の危機への反応速度を高めるという戦略的意図を持って実施することが必要だ。

【チェックポイント】

・米国はフェイクニュースによる社会の分断を防ぐために、公民・倫理・市民論の意味もあるCIVICの再教育を通じて、立場や意見の異なる人たち同士が合意形成できる社会を目指そうとしている。日本企業の人事部は、地域社会において建設的な議論が行えるコミュニティの形成力を身に付けさせる研修プログラムを、自由民主主義を防衛するという戦略的意図を持って開発していくべきである。

・SCは、IoT製品の研究開発において不可欠なゼロデイ情報へのアクセス権である。しかし、日本にはSC制度がないため、SC保有人材が企業にいない。この構図を研究開発部門は認識していないため、人事部が主導して世界の全社員について、SC保有状況の棚卸しから始める必要がある。また、日本企業であってもSC保有が検証できているオーストラリアのSC保有人材の戦略的な活用戦略を、研究開発部門に人事部から働きかけて検討することが望ましい。

・欧米での活躍を希望する若手社員は、将来のキャリアを懸念して、中国出張や中国拠点への配属を拒否し始める可能性が高まっている。米中冷戦下では新興技術情報を取り扱う人材の人事異動を、地域に閉ざすことも前提に、キャリアプランをつくる必要がある。

・米中冷戦下でのリスクマネジメントにおいては機先を制する形で危機を想起する必要があるが、ファクトにもとづく客観的な分析の積み上げでは想定外の展開を予期できない。世界各国で起こっている出来事を主観で感じ取り、直感を呼び覚まして危機シナリオを考える、主観を覚醒させる研修が必要である。

第 9 章

サプライチェーンの罠

人権・気候変動・マネジメント強化

1 軍事的加担とみなされる人権リスク

人権問題の意味合い

サプライチェーンマネジメントにおける人権対応は、旧来のフェアトレードやSDGsといった次元から、各国が安全保障政策を機能させる政策ツールの次元に変化している。対応の不備を放置する企業に対しては、制裁がより厳格に運用され、より高コストを強いるペナルティが科され、ブランドイメージを毀損させる扱いを各国政府が意図的に講じてくる。

これは、旧来のような特定のNGOの批判キャンペーンの比ではない。人権問題に加担することは、軍事バランスの変化を引き起こすことに加担しているとみなされる。サプライチェーン担当者は、人権問題はそうした次元の課題であると認識して取り組む必要がある。

対中戦略としての人権政策と対象の広がり

2021年3月22日、EUは外相理事会にて中国での少数民族ウイグル族の不当な扱いが人権侵害に当たるとして、中国当局者らへの制裁を採択し、同日付で制裁を発動した。欧州による対中制裁は、1989年の天安門事件以来、約30年ぶりであっただけでなく、7年間の交渉を経て2020年末に大筋合意したEUと中国の包括投資協定の批准直前での決定でもあった。

この決定を受けて中国は同日、ＥＵに対して報復制裁を発表。ＥＵの欧州議会議員５人を含む特定個人10名と４組織に制裁を科すとした。制裁対象となった個人や家族には中国本土や香港、マカオへの入境を禁じ、中国との交流を制限する内容であった。結果、２０２１年５月20日、欧州議会は中国がＥＵの政治家に対する制裁を撤回するまで、包括投資協定の手続きを凍結する決議を採択した。

ＥＵの存立基盤に位置付けられている人権尊重の基本精神は、中国との包括投資協定がもたらす経済効果に優先した。アダム・スミスの「国防は経済に優先する」という考え方を前提に、欧州においては人権は経済に優先することに向き合う必要がある。

ＥＵから離脱したイギリスも、ジェノサイド認定した国との貿易協定を無効にできる法案や現代奴隷法の強化に関する協議を２０２０年から続けている。カナダも２０２１年１月にウイグル自治区産製品の禁輸措置を発表し、同自治区で操業する企業に人権状況の報告を義務付けた。そして２０２１年６月には、国連人権理事会から委任を受けた独立した専門家グループが中国の新疆ウイグル自治区で現地調査を行い、強制収用や強制労働が行われているとの報告がなされ、人権理事会として懸念を表明した。

米国は２０１９年10月、中国が新疆ウイグル自治区でイスラム教徒のウイグル族を弾圧しているとして、監視カメラで世界最大手の杭州海康威視数字技術（ハイクビジョン）や政府機関など計28団体・企業に事実上の禁輸措置を科すと発表した。米商務省が輸出管理法にもとづいて、国家安全保障や外交政策上の懸念があるとし、エンティティーリストに登録される中国企業は増加を続けている。

さらに、2020年9月からは、米国土安全保障省の税関・国境取締局（CBP）が中国新疆ウイグル自治区での中国当局によるウイグル族らイスラム教徒少数民族に対する人権弾圧への事実上の制裁措置として、中国から米国に輸出された木綿と衣服、コンピュータ部品、毛髪製品などの品目を米全土の港で差し止める「違反商品保留命令」を発令した。

これにより、ファーストリテイリングが運営するユニクロのシャツが、禁止措置に違反したとして、CBPによって2021年1月から輸入を差し止められていたとメディアが一斉に報じた。

2021年5月には、CBPは中国の大手水産会社「大連遠洋漁業金槍魚釣」が操業する漁船でインドネシア人が強制的に働かされていたとして、同社所有の漁船計32隻が水揚げしたマグロやメカジキなどの海産物の輸入を全米の税関で差し止める「違反商品保留命令」を発布した。同社製のマグロの缶詰やペットフードなどの水産加工品も輸入禁止となり、強制労働や囚人労働、児童労働でつくられた製品の輸入を禁止する米関税法にもとづく措置と報じられた。

そして2021年6月、米商務省は強制労働に関与したとして中国を拠点にしている合盛硅業（ホシャイン・シリコン・インダストリー）ほか5社からの太陽光パネル材料の輸入禁止を発表した。太陽光パネルの主要材料であるポリシリコンは、ウイグル産が世界シェアの半分近くを占めており、採掘と加工に強制労働が利用されている可能性を指摘する報告書がCNNによって報道されていた。米商務省はホシャイン製の素材を使用した海外製品や、同社製のポリシリコンを使用して生産された太陽光パネルを輸入禁止とした。

このように、人権問題は新疆ウイグルから中国企業が世界各国で行っている行為にまで適用対象が広がり、該当する製品も綿から海産物、それらを利用した加工食品、太陽光パネルまでと、急激に拡大している。

企業は、自社が調達している部品や製品が、強制労働が行われている工場に関与していないかを把握するだけでなく、その工場が利用している太陽光パネルについても人権問題に関係していないかどうかを報告させたうえで、再エネの調達を実現しなければならなくなる可能性が高い（2021年7月時点）。

カーボンニュートラルへの取り組みが世界規模で本格化したこのタイミングで、太陽光パネルの調達に人権問題の観点から制限がかかるインパクトは極めて大きい。特に、中国のサプライヤーが利用している太陽光パネルは、ウイグルからの供給である可能性が相当な確率で高い。今後、調達規制が具体的にどのように設計されるのか注意が必要だが、新設するパネルについては、ウイグル問題を念頭に置いた調達に着手すべきであることは明らかだ。

日本企業固有のリスクと解決策

欧米各国は人権問題を引き起こしている国、組織、個人に対して制裁を行う法律を制定しており、自国の企業に対して人権問題を理由に取引の停止を迫ることが可能だ。これは企業にとっては有り難い環境だ。企業は自社で取引の是非を判断する必要がなく、相手国政府に対しても、自国の政府の行政命令に従っただけであるという説明が可能だ。

取引を停止した理由は自社の意思とは無関係であるという姿勢を示せることで、相手国との関係維持が行いやすい。人権問題を起こしていると指摘されている国も、企業ではなく、その企業に取引停止を命じた政府を攻撃対象にできることから、企業との関係を傷つけなくて済む。

しかし、日本には現在、人権を理由とした制裁法が存在しない。今後、日本国内で策定されるのは、調達に際して人権問題に関与していないか否かをチェックする人権デューデリジェンスの義務化までだろう。だが、日本企業の多くは、人権デューデリジェンスを実施しても証拠を見つけることは困難だと感じている。

自国のインテリジェンス機関から取引先単位で情報を得られるとは考えていない。懸念があると言われている諸外国の区域に足を踏み入れ、監査しようとしても、サプライヤー構造が多層であるため、監査先も絞り込めない。結果として、日本企業は他国の政府が禁止した取引について、個々の企業が人権デューデリジェンスを実施したうえで、不十分な情報をもとに個別に判断を下すことになる。

人権問題を引き起こしていると指摘された政府は、証拠を見つけられなかったにもかかわらず取引を停止する判断を下したとして、非難の矛先を経営者に向けることは確実だ。判断を変えさせるために、特定企業をターゲットにした不買運動や嫌がらせだけでなく、証拠がないのに取引を止められたことで生じた自国企業の損害を賠償させる訴えを起こされることも十分にあり得る。

残念ながら、こうした状況にありながらも、日本政府が人権を理由にした制裁法を立法する気配はない。日本企業には厳しい状況が続くことになる。

打開策は2つだ。1つは第6章と第7章で説明した各国のインテリジェンス機関出身者で構成するリスクマネジメントチームや、経済安全保障委員会メンバーのネットワークを使い、各国が企業向けに提示している情報を収集してもらうやり方だ。

基本的に、欧米各国は日本企業も巻き込んで対中政策を一枚岩で進めて圧力をかけたいという思いを有している。一方で、証拠に関する情報が洩れると情報提供者が特定されてしまうリスクが生じるため、SC制度のない日本企業との情報共有には消極的にならざるを得ない。ゆえに、インテリジェンス機関出身者が日本企業の社員として情報を収集し、そのメンバーの見解を踏まえて、経営判断するのが有効である。

気を付けるべき点は、SC制度がない日本企業であることを自認し、元インテリジェンス機関の社員には判断根拠となっている情報の共有を求めないことだ。自社として、しかるべき専門性を持ったチームを構成し、調査結果にもとづく提言を受けて、最終判断をしたという構図が望ましいだろう。

もう一つの方法は、人権問題に国際的な規模で取り組んでいるNGOにデューデリジェンスへの協力を要請することだ。

このアプローチも、日本企業で実施しているところは非常に少ない。人権問題は、NGOが長年かけて世界中に張りめぐらしてきたヒューミントにもとづく情報網で把握されている。サプライチェーン担当部門は、NGOとの関係管理がCSR部門に閉じている状況から脱却し、人権問題についてはNGOとダイレクトに協議してサプライヤーの情報を持続的に収集する関係づくりに着手すべきだ。

今後30年間、人権問題の発生地域や制裁の対象となる調達品も変わり続ける。CSR部門を挟んだままで、購買先の調査やNGOに調査委託するための予算措置などを行っていくことは、オペレーション的にも困難になっていく。

突然、太陽光パネルなどがデューデリ対象に追加された場合、サプライチェーンの担当部門は、関係を有するNGOが調査可能なエリアの取引先からデューデリに着手するなど、議論を迅速に展開していく必要があるだろう。サプライチェーン担当部門とCSR部門のNGOとの連携を含めた、新たな役割分担の見直しにも着手すべきだ。

2　早急に着手すべき気候変動に対応できるSCM改革

気候変動が安全保障アジェンダ化した流れ

２０２１年４月、バイデン大統領主催の気候変動サミットが開催されて40カ国・地域の首脳級が集まり、異例の軍事・防衛セッションが加えられたことが報じられた。参加したオーステイン米国防長官は、気候変動が米軍による国土や同盟国を守ることを年々難しくしていると述べたという。２０１８年から19年にかけてハリケーンや洪水によって米国内の陸軍や空軍基地が被害を受けたほか、異常気象の影響で日本やオーストラリアとの共同訓練を延期する事態も生じた。

２０１７年から19年にかけて、米国では44の異常気象によって４６０億ドル（約50兆円）を超す被害があったという。こうした事態を受けて、バイデン政権は米国の18のインテリジェンス機関に気候変動の影響を調査するように指示したと報じられた（『日本経済新聞』２０２１年5月21日付朝刊）。実はこの動きは、トランプ政権下でも着々と進められてきたものである。

米国で地球温暖化が安全保障政策として議論されたのは、米大統領へ中長期的予測の提言を行う諮問機関である国家情報会議（National Intelligence Council）に対し、米国の全インテリジェンスコミュニティを統括する国家情報長官が、２００８年6月25日に「National Intelligence

Assessment on the National Security Implications of Global Climate Change to 2030」を報告したことが最初であった。

このレポートの論調は全体的に、温暖化についてそれほど深刻なリスクは存在せず、米国への影響は間接的であると結論付けていた。深刻な影響は、直接的な被害を受ける他国からの移民の増加や、政情不安によるテロリスク増などへの対応に、米国が引きずり込まれることであると予測していたのである。

しかし、7年後の2015年5月、ホワイトハウスから出された「The National Security Implications of a Changing Climate」では、論調が大きく変化していた。温暖化がもたらす米国への影響は、「間接的」から「直接的」な位置付けへと抜本的に変更されたのである。

最大の要因は、2012年10月29日に米国東海岸に上陸し、ニューヨークに1938年以来の大災害をもたらしたハリケーン・サンディであった。米軍が都市機能回復のために多大な支援業務に取り組む必要が生じた経験から、こうした災害対処の業務負荷を、米軍の基本活動計画に織り込まなければならないと提言したのだ。

また、米南西地域の米陸軍の軍事施設、および米軍を支える活動をしている事業者の160にのぼる倉庫や建物が、浸水によって6400億円もの損害が生じたことから、今後の米軍の運用にはこうした被害をあらかじめ見込んだ構想が必要であるとも提言された。

特に深刻な問題として挙げられたのが、世界各国の沿岸地域に存在する米軍基地である。高潮やハリケーンによる浸水被害によって基地の運用に支障が生じる懸念が示され、一例としてミサイル防衛において極めて重要なアラスカの空軍基地や通信設備も海面上昇によるリスク対策が急務と明記された。

その後のインテリジェンス機関からのレポートには、気候変動の影響についての章が常設されるようになった。各機関からは、地下水の減少や海面上昇、干ばつ、山火事の増加による政情不安、食料価格の上昇と収穫量の減少、未知のウィルスの増大による疫病の増加、経済活動全般へのネガティブインパクトの増大という多様な脅威が、米国に直接影響を及ぼす要因として報告されていった。

２０１７年に国連貿易開発会議（ＵＮＣＴＡＤ）が「Port Industry Survey on Climate Change Impacts and Adaptation」を発行し、衝撃的な予測を公開したことも影響している。このレポートは、メキシコ湾のガルフコースト（テキサス州、ルイジアナ州、ミシシッピー州、アラバマ州、フロリダ州からなる）は１・２メートル海面が上昇した場合、70％以上の港湾設備、２４００マイル（約３８４０キロ、日本列島を超える長さに相当）の港湾接続道路、９％の接続鉄道、３つの空港が恒常的に浸水被害に陥ると分析。５・５メートル海面が上昇した場合には、各州内陸部の幹線道路の50％、98％の港湾設備、33％の鉄道、22の空港が浸水被害に遭うと予想したのである。

２０１８年にはイギリス国防総省が「Global Strategic Trends：The Future Starts Today」

を発表。温暖化による海面上昇が世界の主要港に浸水被害を及ぼし、閉鎖期間や修復期間の発生、停泊待機命令などが増加して航行ルートの大幅な変更やスケジュールの遅れが常態化するリスクが高まると報告した。

これらの分析を踏まえ、2019年に米国のインテリジェンス機関は「温暖化による気候変動が米国の沿岸部の都市の浸水被害を毎年増大させ、これらの地域に多数存在している電力をはじめとするエネルギーインフラにダメージを与え、エネルギーサプライチェーンに影響を及ぼす」と問題提起した。

注目すべきは、2015年の報告で予言したとおり、復旧活動に軍が出動することが常態化し、軍事アセットが一定量取られ続けるリスクを念頭に置くことが明記された点だ。また、北極海航路の開通が本格化してきたことを受けて、当初は中国とロシアに比して消極的であった北極海に関する航路やエネルギー資源開発に関するルール形成の議論にも、能動的に関与し始めた。そして、旧来のスケールを上回るハリケーンや集中豪雨などを念頭に置いた新たな気象条件を前提とする武器の開発や軍事作戦の構想の必要性も打ち出された。

2021年のバイデン政権における気候変動政策の位置付け

このように米国では2008年以降12年という月日を経て、気候変動は間接的な影響から直接的な脅威へと位置付けを徐々に格上げされ、脅威認識の具体化が行われてきた。その意味で、ようやく気候変動が安全保障政策を構想する際の重要な前提条件に位置付けられ、安全保障政策において政策化すべき領域が明確化されたと捉えることが妥当である。

この流れは極めて重要である。米国は2000年代後半から環境問題に取り組み始めていたように映るが、これは主に問題意識の高いグローバル企業と、環境政策に責任を有する政策部局が中心となって動いていた流れであった。そのため、民主党と共和党で政権が変わる都度、政策への取り組み姿勢に変化が生じやすかった。

だが、気候変動対応が安全保障政策に位置付けられたことで、政局に左右されずに一貫性が担保される政策領域で議論が進み始めた。つまり、ようやく安全保障政策として、気候変動に対する戦略的な対応計画を立案できる準備が整ったと見るべきである。

ゆえに、バイデン政権になったために気候変動政策が前面に出てきたと捉えるのは誤りだ。トランプ政権下でも、水面下では着々と安全保障の観点から米国としての関与方針が構想されてきた結果、具体的な計画が動き出すタイミングとバイデン政権の誕生が重なったと捉えることが適切である。

温暖化による気候変動の悪影響を止めることが安全保障環境の改善につながることから、CO_2排出量の大きい中国のコミットメントを引き出しながら、米国としても能動的な姿勢で取り組みレベルを決めていくはずである。ゆえに、米中冷戦下でも温暖化対策領域での中国との連携は、本気で進められるはずだ。

安全保障を目的に始まった中国の再エネ政策

中国は本気で気候変動問題に取り組むのだろうか。取り組みに後ろ向きであったトランプ政権を出し抜く戦術でしかないのではないか。このような疑問が生まれるのは自然なことだろう。だが心配は杞憂である。中国は既に2012年の段階で、シェールオイルブームに沸く米国へのエネルギー輸入依存から脱却すべく、習近平が新エネルギー戦略を導入し、再生可能エネルギーを重点投資領域にすることを決定していたのである。

中国はクリーンエネルギー領域のリーダーになることで、再エネ技術の輸出を通じ、他国の石炭、石油、天然ガス輸入量の削減とCO_2削減を実現する支援者になるポジションの獲得を目指すことを、2012年には決定していたのである。

中国は経済成長が加速し始めた2000年代、欧米に倣って石油や天然ガス資源を海外で確保する権益外交を展開したが、欧米の石油メジャーにことごとく競り負けた。

結果、欧米の石油メジャーが投資できない「制裁対象の産油国」であるイラン、スーダン、ベネズエラなどの国々に目を付け、投資をし続けてきた。だが、国連の制裁下にあったイランについては、欧米企業だけでなく中国企業の投資も制約されたほか、石油設備へのテロ攻撃による開発プロジェクトの遅れ、推定埋蔵量が当初計画に半減するなど、期待した成果は得られない状態が続いた。

ベネズエラにおいても、中国は２００７年から14年までの間にベネズエラ政府に石油供給を担保に約６００億ドルの融資を提供したが、ベネズエラの対中原油輸出量は２０１７年にようやく1日当たり45万バレルになった程度であった。これは中国が見込んでいた量の半分でしかなく、中国は融資額の金利分程度の石油と石油精製品しか受け取れていないという。

海外からの調達を目的とした権益開発がうまくいかないまま中国の経済成長は続き、既に石油の輸入依存度は２０１７年時点で70％を超え、30年には80％に達するとも予想されている。

２０１９年から始まった米中冷戦の長期化を念頭に置いた中国は、こうした背景もあり、国内での再生可能エネルギー利用量の大幅な引き上げと、再エネ技術輸出を安全保障戦略の骨子に位置付けた。結果、中国の再エネ比率は２０１９年時点で26％に達するに至ったのである。

政策協調とデカップリング

トランプ政権の下では米国の再エネ政策は大きな進展を見せなかったが、水面下では政策関係者が中国に対する警戒感を強め続けていた。再エネ技術の関税なしでの輸出や、二酸化炭素排出に伴う価格設計、再エネ製品のラベル表示や燃費の測定ルールの設計など、様々な角度から新ルールが中国に形成されるリスクを議論していた。

安全保障政策として温暖化政策に取り組み始めた米国は、温暖化対策がつくりだすルール形成の機会を、中国に独占させない能動的な動きを見せるだろう。

事実、トランプ政権は2020年5月1日、電力関連機器を外国から制限なしに調達することは国家安全保障への脅威と定義し、エネルギー長官、もしくはほかの政府高官が「外国の敵対勢力の影響下にある取引」と認定した場合には、電力関連機器の調達や輸入などが禁止できる大統領令にサインした。

温暖化対策については、政策レベルでの協調は行われつつも、実体経済ではデカップリングを通じた新たな制度覇権、技術覇権の競争が繰り広げられていくはずである。また、温暖化が引き起こす海面上昇による世界各国の港湾設備の損傷は、新たな港湾ネットワークの開発と再構築をもたらす。

これは中国人民解放軍の前方展開の機会になることから、中国による港湾インフラの再建提案が一帯一路を梃子に、能動的に仕掛けられるだろう。当然、米国も軍事アセットの配備網を再構築する必要性に迫られることから、安全保障政策の観点から港湾ネットワークの世界規模の再編に関与してくるはずである。

3　能動的に関与すべき北極海航路

海面上昇によって既存の港湾ネットワークが機能不全に陥り、ロジスティクスの正確性が崩壊する遠くない未来を、日本企業は念頭に置く必要がある。そして、完全な氷解までは航行量が限られるが、重要性が格段に高まる北極海航路の活用を念頭に置いたサプライチェーン改革に今から取り組む必要がある。

　北極海域は地球全体の平均の2倍以上の速さで温暖化が進んでおり、早ければ２０３０年には北極の海氷が消滅するとも予測されている。北極海航路はスエズ運河航路と比べて航行距離が短く、ロッテルダムから横浜までの航行距離を34％短縮できるが、砕氷船の支援を受けてゆっくり航行するため、現状の航行日数はスエズ運河航路と同じになっている。砕氷船による航行支援や船舶の重装備化などのコストを含めると、２０２０年時点ではスエズ運河航路よりも採算が悪いため、今はまだ利用量が拡大していない。

　だが、２０２１年3月にスエズ運河で正栄汽船所有の大型コンテナ船「エバーギブン」が起こした座礁事故は、ほかの船舶の航行を不能にし、一時は４２２隻の船舶が停泊を余儀なくされ、全世界のサプライチェーンを混乱させた。

　スエズ運河はアジアと欧州を直結させる要所であり、アフリカの喜望峰経由と比較して１週間の短縮を実現する利便性から、２０２０年は1万９０００隻の船舶が往来した。１カ月当たり約１６００隻が往来することから、座礁から1カ月後にはコンテナ船の相場が10％上昇した。

　このように、スエズ運河に依存した輸送の脆弱性が顕在化したわけだが、これに加えて、既に述べてきたように、温暖化によって今後は世界規模で既存の港湾設備の浸水リスクが高まる。北極海の氷解が本当に２０３０年になるとすれば、それより前から既存の航路は海面上昇によって機能不全に陥り始めることが確実だ。

こうした状況を踏まえると、２０２０年代後半には北極海航路を能動的に活用したグローバル輸送網を始動させ、30年には基幹航路として利用できている状態をつくりあげることが不可欠だろう。

荷主側から北極海航路の利用を指示する必要性

北極海航路の開拓に対する日本の海運会社の動きは、現時点では商船三井以外の海運会社、ロジスティクス企業は様子見に近い状況にある。北極海の中央に位置するヤマル半島では、２０１０年から三井物産とＪＯＧＭＥＣ（石油天然ガス・金属鉱物資源機構）が共同でＬＮＧ開発に取り組んできた。２０２０年７月23日、このヤマル半島で開発された８万トンのＬＮＧを積んだ、商船三井が共同保有する砕氷型ＬＮＧ船ウラジミール・ルサノフが、東京湾扇島のＬＮＧターミナルに初入港を果たした。

海運会社に状況を確認してみると、エネルギー開発会社とそれを購入する電力会社といった安定した需給を結ぶケース以外は、今のところ、荷主からの北極海航路に対するニーズは出ていないという。日本の海運会社には、荷主から要望が出されない限り、能動的に荷主に提案しないカルチャーが根付いている。それは、荷主側の物流費管理の仕方も原因となっている。

具体的には、国際物流に関して荷主は通常、価格と納期については希望する条件を明示するが、どの輸送航路を利用するかは海運会社に任せっきりだ。それは日本企業の物流を担当する組織体制に起因する。

まず海外物流費を監督する組織が不明確な日本企業が意外にも多い。他社から輸入している製品や部品の場合、多くのケースは海上輸送費と保険料が組み込まれたCIF価格(運賃保険料込みの条件で、売主が海上輸送と輸送保険を手配して支払う形式)で調達している。

CIFによる輸入価格交渉は、この部品を必要としている生産部門や製品を必要としている営業部門が担当しているため、これらの部門が希望する仕入れ価格に収まる場合は、CIFに含まれる物流費の妥当性は追求されない。

生産部門と営業部門が承認した仕入れ価格に対し、物流費の妥当性や輸送航路の適切性を物流部門が指摘することは期待されておらず、物流部門は介入しないのが一般的だ。結果、調達している部品や製品がどの航路を通る船舶に積載されているのか、詳細を把握せずに調達しているケースが、日本企業では非常に多くなっている。

輸出においても、日本企業は責任を最小化できる輸出港の通関までしか責任を負わないFOB(荷物を輸出通関後に船に積むまでの費用を売主が負担)での出荷が多い。そのため、港から先の航路に関しては、買い手が海運会社を決定しており、航路の把握は行っていないことが多い。ゆえに、日本企業は海運会社との間で、航路に関するニーズを提示するコミュニケーションの機会がそもそも存在しない状態にある。

一方で、海洋に関するルール形成機関である国際海事機関（ＩＭＯ）での日本の影響力は、国土交通省の長年の努力により、非常に大きい状態を維持できている。荷主である日本企業が、ニーズを海運会社に伝えていけば、北極海航路に関するルール形成や航路を活用していくために必要な議論の加速も可能である。

だが、北極海航路のルール形成の議論に参画している政策関係者曰く、「荷主が北極海航路の重要性に気づいていないため、日本は北極海航路を利用する需要量を強みとした戦略的な提案がまったくできておらず、影響力が限定的なオブザーバーでしかない状況が続いている」という。

気候変動対策と安全保障政策の結合度の高まり、米中冷戦の長期化への貢献という観点に立つと、日本企業は北極海航路において中国の海運会社のコンテナ輸送に依存することは避けるべきだ。重要な主要航路を中国のコンテナ船に依存すれば、当然、ＥＳの発動リスクが高まることは言うまでもない。加えて、これ以上の温暖化の加速を食い止める努力も必要であることから、利用する船舶の環境性能規制も厳しくし、価格競争で中国船舶のシェアを向上させないことも必要である。そのために、荷主は北極海航路に対して厳しい環境性能を要求していくことが必要だ。

また、北極海航路はロシアが最大の海岸線を有していることから、座礁時の救援連携はもちろん、船員の雇用もロシア人の採用が有力となる。北極海航路において日本の海運会社の航行量が多くなれば、ロシアとのコミュニケーション機会も必然的に増える。

中ロのさらなる接近にブレーキをかけ、日ロの関係継続および発展の機会にしていく意味でも、北極海航路に関するルール形成への参画と、日本企業の発注による航行量の増大は重要となる。ゆえに、多くの日本企業が荷主として、北極海航路に早く関心を持つべきである。

そしてなにより、ＣＩＦとＦＯＢについて説明したように、日本企業の物流部門には、気候変動と安全保障が一体化したことを前提に、既存の航路における気候変動リスクを分析する役割を担わせる必要がある。その際、リスクの高い港を特定するために、軍事基地がどの港からどこに見直されるのかについても、情報収集することが有効だ。

海運会社はロジスティクスの研究所をグループ会社に持っているのが一般的である。こうした組織があることを念頭に、物流部門は各国の港湾の状況やその周辺の軍事施設の再編状況に関する情報も、海運会社から定期的に得る契約を結ぶことも有効である。

4 物流会社のサプライチェーンマネジメント強化

自社で物流業務を行っている日本企業はほぼ皆無に近い。コスト削減対象の筆頭として子会社化して切り離し、人件費を自社の業界から物流業界の水準に引き下げ、さらには各業界で物流会社を統合して共同物流を行い、業界単位で物流費の最適化を果たした。そして今では、統合させた業界単位の物流会社を、物流専門企業に売却するに至っている。

結果、物流は物流部門の下に国内物流と国際物流をマネジメントするサードパーティーロジスティクス会社が入り、その下に各地域の倉庫運営と配送管理を担当する中堅物流会社が位置し、この下に配送実務を担当する輸送会社が存在する四重構造が一般化している。

輸送会社の社数は非常に多く、物流部門は自社の配送実務を実際に担っている会社のうち主要企業しか把握できていないのが一般的だ。そのため、物流部門による末端の品質管理が行き届かず、現場ではかなりずさんな管理が行われていることが少なくない。

ある小売企業における筆者の経験では、数年前の売れ残りのクリスマスツリーが在庫スペースを取り続け、しかも平積みしているため倉庫面積が拡大し放題になっていた。物流会社からの請求書を見ると倉庫の賃借面積に応じた支払条件になっており、天井までの空間はガラ空きのまま、利用面積が拡張して物流費が右肩上がりを続けていた。

予算策定時の売上高物流費比率が固定されているため、設定値未満であれば誰も請求額の妥当性を問題視しない構造に陥っていたのだが、こうした現場は実は少なくないのだ。

一方で、物流会社には近年いろいろな機密情報が蓄積され始めており、産業スパイの観点からすると、ずさんな管理と重要情報の宝庫として価値が高まっている。

まず、倉庫のなかには物流施設で仕向け先別に一部加工工程を担っている業態もあり、製造業化が進んでいる。近年は3Dプリンターの普及によって倉庫と工場の一体化が加速し、Io

T産業の牽引役にもなり始めている。

優良なロケーションに倉庫を保有し、優良な荷主を有する物流会社を買収して荷主に入り込み、試作品や部品の輸送ルートを通じたサプライチェーンの把握をし始めれば、産業スパイインフラとして十分利用できる。しかも、倉庫はアルバイトや日雇い派遣の労働者が多く、外国籍の社員が多数いることが常態化している。入り込むにはうってつけの条件が揃っているのも、注意が必要な理由だ。

また、投資力のある企業の倉庫は、自動化が急速に進んでいる。ピッキングや棚の移動など小型の輸送ロボットによるコンピュータ制御でオペレーションがつくりあげられている。また、どこの倉庫に何がどれだけ在庫として存在しているのかといった情報も、実はメーカーではなく倉庫業者の方が情報を有しているのだ。

例えば、埼玉県の大宮には医薬品の物流センターが多く存在している。医薬品輸送の規制対応に必要な固有の設備投資の効率を上げるべく共同利用の追求によって集積度が高まったのだ。

パンデミックなどが発生した場合の在庫量などについてはこうした倉庫の実査が有効であるが、各メーカーは出荷後の所在地情報を押さえていないことが多い。荷受けと払い出しを品目単位およびトラック単位で行っている倉庫こそが、情報の集積地なのだ。こうした倉庫にサイバー攻撃を仕掛けてシステムがダウンすれば、物流を止められる。しかも、どの倉庫のどの部品の出庫を遅らせることで、流通の現場での品薄感を効果的に演出できるかを考えることも可能だ。

日本ではまだ物流業界に対する安全保障目線からの議論は十分にできていない。だが米国では、ハイテク製品や医薬品、医療機器の輸送に際してＴＡＰＡ（Transported Asset Protection Association）認証を取得した倉庫のみを経由することを求める動きが強まっている。

ＴＡＰＡは米国のハイテク製品メーカー、その製品の輸送・輸出入業者らによって１９９７年に組織化された非営利の認証団体である。物流プロセスにおける抜き取りや不正なアクセスを防止する設備や管理プロセスを体系化した認証であり、ハードウェアへのバックドアの入れ込みを阻止するという観点からも注目度が高まっている。

日本ではＴＡＰＡ認証を取得している物流拠点はまだ少ないことから、ＴＡＰＡ認証を取得している物流ネットワークで輸出しようとすれば、ＤＨＬ、ＵＰＳ、ＴＮＴといったグローバル企業の活用が圧倒的に優位だ。一方で、日系の物流会社におけるＴＡＰＡ認証の取得はなかなか進んでいない。北極海航路と同様に、輸送ルートのコストは輸入元や輸出先が負担してきたために、経由すべき倉庫に求められる条件に意識が回ってこなかったからだ。

物流部門は物流業務という範囲においても多段階のサプライチェーンが存在しており、末端の現場の運用状況についても、安全保障目線から品質管理に取り組む必要がある。そして物流業界が自己投資によって日本国内にＴＡＰＡ認証取得倉庫を増やすよう促すために、経由する倉庫にまで国際水準の管理品質レベルを要求していかなければならない。

【チェックポイント】

・日本政府は人権を理由とした制裁法を制定していないため、日本企業は他国の動向を踏まえて、自主判断での対応が迫られ続ける。サプライチェーンにおける人権デューデリジェンスの質を高めるために、リスクマネジメント部門で採用するインテリジェンス機関出身者のネットワークを活用してデューデリを実施する方法と、人権問題に取り組んでいる国際NGOに委託する方法の2つに並行して取り組むことが有効である。

・米国は2019年に、地球温暖化を米国に直結する安全保障リスクに位置付けたので、大統領が変わってもそれに関する政策は継続される。米国は米軍基地が配備されている国内外の港が、温暖化による浸水や高潮によって機能不全に陥るリスクへの対策を進める予定である。既存の港湾ネットワークの多くが2030年には機能不全に陥ることを前提に、日本企業はサプライチェーンを再構築する必要がある。

・既存の海上輸送ルートは温暖化で機能不全に陥ることを踏まえ、早めに北極海航路の利用枠を確保することが必要だ。だが、荷主からニーズを出さない限り、物流会社任せでは輸送ルートの見直しは進まない。能動的な荷主の関与が必要である。

・物流の現場には経済安全保障上のリスクが潜んでいることを認識し、物流部門による物流業務のサプライチェーンマネジメントを強化することが不可欠である。

第10章

情報システム対策

信頼獲得の闘い

1　国防権限法が強いる情報システム改革

２０１８年、国防権限法８８９条に、米国連邦政府が取引を禁じる中国企業5社の社名が明記された。２０１９年8月13日から、米国政府機関に対しては中国企業5社（ファーウェイ、ＺＴＥ、ハイテラ、ハイクビジョン、ダーファ）が提供する通信・監視機器やサービスそのものと、それらのいずれかを実質的・本質的に利用しているすべての機器の購入・取得・利用契約およびその延長・更新を禁止したのである。

具体的にはサーバー、ルーター、スマートフォン、通信サービス、ビデオ監視サービスが対象となっており、今後の国防長官、ＦＢＩ長官らの協議によって中国が「所有／支配／関係」していると合理的に認められる企業の同様の機器やサービスの購入・利用の禁止も規定されており、「支配（control）／関係（connect）」は広く解釈され得ると報じられている。

２０２０年8月13日からは、米国政府機関と直接取引していなくても、米国政府機関に納入される製品用のシステムや部品を納めている2次・3次サプライヤーであっても、中国企業を利用していないかの確認を求められ始めた。

そして２０２１年6月、米連邦通信委員会（ＦＣＣ）は、この中国企業5社の製品に対して米国での販売を認めない新規則を、民主・共和の超党派にて全会一致で採択した。

米国では国防権限法2019で利用禁止するも、国内での販売は続けられ、報道によると2018年以降、3000件を超えるファーウェイ製品が米国内での販売に必要な認証を得ていた。しかし、新規則は過去に承認した認証の取り消しもできる内容となっており、設置済み機器の撤去も進む可能性が高い。

当然、日本企業の北米拠点は、米国政府と取引がなくても、今後当該機器撤去を命じられる可能性があり、機器の除却損発生リスクを見込んでおく必要があるだろう。

実は、指定された中国企業製品の排除だけでは米国市場でのビジネスを続けられないルール形成が、2010年から着々と形成されてきた。だが、残念ながら対応している日本企業はほとんどいないままだ。筆者は2016年にこの問題に気づき、警鐘を鳴らし続けてきたが、とうとう2021年に入り、日本企業数社が北米市場でそれぞれ1000億円規模のビジネスを失う事態が発生してしまった。

情報システム部門は、情報システムの技術規格ルール形成が米中冷戦の主戦場となっており、変化し続ける技術規格ルールへの対応に乗り遅れると、北米市場が一瞬で閉ざされるリスクがあることを強く認識して、IT投資計画の見直しに着手する必要がある。

2　NIST SP800-171への準拠

CUIという概念の誕生

ことは、米国防総省にサイバー部隊が創設された2010年にまでさかのぼる。2010年11月9日、米オバマ大統領は大統領令（Executive Order 13556）を発効し、各省庁においてCUIに定義すべき情報を定め、国立公文書記録管理局（NARA：National Archives and Records Administration）が管理するCUIレジストリーへの登録を命じた。併せて、NISTが策定するサイバーセキュリティのガイドラインに沿ってCUIを適切に保護することを求めた。CUIとは、機密情報そのものではないが、これらを広範囲に集めれば機密が特定される可能性がある情報である。

これを受けて、各省庁はCUIを軍事外交に関する国家が保有する情報にとどまらず、幅広い産業の企業が所有するデータや、企業活動によって生み出されるデータまで含めてCUIに指定した。その範囲は非常に広く、自動車業界であれば自動運転試験走行データや内部マニュアル、省庁への申請書類も含まれた。電力・ガス業界ではエネルギーの生成から輸送ルートおよび設備情報を含み、ヘルスケア業界では個人の健康診断記録までもが該当するとされた。さらに驚いたことに、財務省は企業の財務データをCUIに指定したのである。

【図表16】米国は2010年から大統領令13556号によりCUIレジストリーにCUI情報が登録され、それをNIST SP800-171を用いて保護することをFARにて規制化してきた

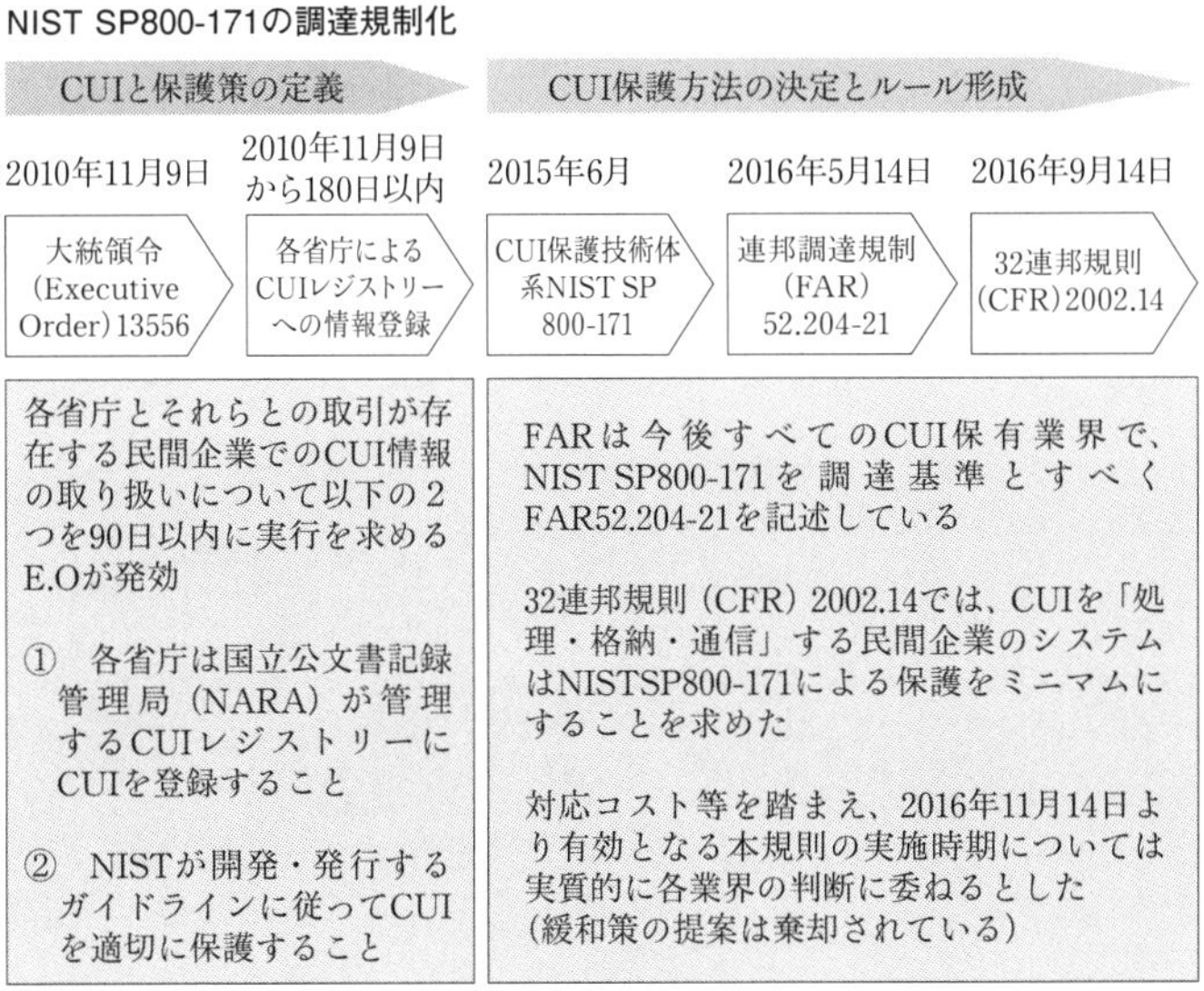

NIST SP800-171の調達規制化
CUIと保護策の定義
CUI保護方法の決定とルール形成
2010年11月9日
2010年11月9日から180日以内
2015年6月
2016年5月14日
2016年9月14日
大統領令(Executive Order)13556
各省庁によるCUIレジストリーへの情報登録
CUI保護技術体系NIST SP 800-171
連邦調達規制(FAR)52.204-21
32連邦規則(CFR)2002.14
各省庁とそれらとの取引が存在する民間企業でのCUI情報の取り扱いについて以下の2つを90日以内に実行を求めるE.Oが発効
① 各省庁は国立公文書記録管理局(NARA)が管理するCUIレジストリーにCUIを登録すること
② NISTが開発・発行するガイドラインに従ってCUIを適切に保護すること
FARは今後すべてのCUI保有業界で、NIST SP800-171を調達基準とすべくFAR52.204-21を記述している
32連邦規則(CFR)2002.14では、CUIを「処理・格納・通信」する民間企業のシステムはNISTSP800-171による保護をミニマムにすることを求めた
対応コスト等を踏まえ、2016年11月14日より有効となる本規則の実施時期については実質的に各業界の判断に委ねるとした
(緩和策の提案は棄却されている)

【図表17】 米国政府が指定するCUIは多様な産業で存在しており、多くの日本企業が北米事業でCUIを取り扱っている

業種	CUI（一例）
自動車	●DHSへの申請情報（自動運転試験走行データなど） ●テストと評価の結果（耐久性情報や自動運転走行における事故情報など） ●内部マニュアル
電力・ガス	●インフラへの攻撃を計画するに当たり有用である可能性がある情報 ●エネルギーの生産、生成、輸送、伝達、または配分に関する詳細情報 ●原子力施設、材料、兵器に関する特定の設計およびセキュリティ情報
ヘルスケア	●個人の過去、現在、または将来の身体的・精神的な健康状態 ●個人の健康診断記録 ●化学薬品の使用、保管、または取扱い、および関連システム
重化学工業	●軍事・宇宙関連情報 ●流出が米政府にとって不利になる特許情報 ●既存もしくは研究開発中の製品設計および性能仕様情報
食品	●農業に関する経営情報、保全実務情報 ●農薬生産者情報、害虫情報 ●水の処理方法と水質に関する詳細情報（バイオテロ対策）
IoT家電	何につながり、どのような情報を処理・保有するかにより変動

一般的には政府が民間企業に提供する政府の情報をイメージするが、企業が保有するデータもＣＵＩに指定したことにより、この政策が国家安全保障に民間企業を大々的に巻き込むインパクトの大きな政策であることを米国政府は示唆していた。

米国企業の競争力に資する情報は、米国が税金を投じて開発の芽を提供した長い歴史の上で花開いているものであり、すべてが安全保障対象であるとの認識だ。

米国の民間企業の知的財産に関するデータの保護は、米国経済の強さを維持する安全保障に不可欠と考え、米国企業がサイバー攻撃によって競争力を失わないように徹底した管理体制に移行することを決意したのである。

NIST SP800-171という技術規格政策の発動

２０１６年５月に発効された連邦調達規則であるFAR 52.204-21では、米国のＣＵＩを保有するすべての企業に対し、NIST SP800-171（以下171）の技術規格で構築された情報システムにて、ＣＵＩを保護することが明記された。４カ月後の２０１６年９月には32連邦規則であるCFR 2002.14が発効され、適用時期の決定は各業界に委ねられた。

業界ごとに適用時期は異なるが、ＮＡＲＡに登録されたＣＵＩを保持する企業は171への準拠を求められるという方向性が、このタイミングで確定したのである。

その１カ月後の２０１６年10月、米国防総省はDFARS 252.204-7012を発効し、「国防総省の請負業者は2017年12月31日までにNIST SP800-171に準拠すること」を定めた。その後、米国政府は、2020年1月1日以降、全産業に対して171に準拠してCUIを取り扱うことを求めると時期を明示した。

当然、これは日本企業にも多大な影響を与える。米国政府は、米国のCUIを取り扱う場合はサプライチェーン全体において171に準拠した情報システムでの管理を求めているからだ。もちろん、中小企業も例外ではない。

米国企業のサプライヤーとなっている多くの日本企業は、米国企業のCUIを無意識に保有している。そうした企業も、どの部門がCUIを取り扱っているのかを特定し、米国政府の基準に適応したシステムへの移行を迅速に行わなければ、米国企業と取引ができなくなる。

既に2018年からは、日本の防衛産業では米国の元請企業からの要請を受けて、まずは大手が171への準拠に動き出した。また2019年に入ってからは、他産業でも日本のサプライヤーに171への準拠を求める動きが出てきている。製薬検査装置を製造する大手日本企業は、米国の製薬会社から171に準拠することが今後の継続発注条件になると告げられ、情報システム改革に着手し始めている。

クラウドへの移行が不可欠に

171への準拠には、クラウドへの移行が必須だ。要件を満たそうとすると、クラウドの利用なしでは膨大なコストがかかるからだ。ゆえに、米国のクラウド普及戦略は、システマティックな産業戦略の下で展開されてきた。

米国はまずＣＩＡが、増え続ける情報システム投資を低減するためにクラウドへの移行に取り組んだ。２０１３年、ＣＩＡはアマゾンのクラウドサービスであるＡＷＳの利用を開始した。

２０１７年11月に米ラスベガスで開催された「AWS re:Invent 2017」の公共部門向けセクションにてＣＩＡは、23年までにクラウドへの移行を完了すると宣言し、「ＡＷＳはＣＩＡのデジタル変革にとって最重要パートナーだ」とまで言い切った。報道によると、ＣＩＡは２０１３年に6億ドルを投資してプライベートクラウドを構築する際にＩＢＭではなくＡＷＳを選択し、「ＣＩＡショック」として業界を震撼させた。

その後ＣＩＡはプライベートクラウドではなく、ＡＷＳが運営する情報機関専用のリージョンを利用することを発表し、ＣＩＡですらプライベートクラウドを使わなくなった事実は、二度目のＣＩＡショックとしてＩＴ業界を揺るがした。

米国は各省庁の機密情報（ＣＩ：Classified Information）を扱うクラウドをNIST SP800-53（以下53）という技術規格で策定した。これは171よりもセキュリティレベルが高く、53をクラウド認証基準にしたものが、FedRAMP（The Federal Risk and Authorization Management Program）である。ＣＩＡやＦＢＩ、国防総省などのインテリジェンス機関は53よりもさらに高いレベルの技術規格であるNIST SP1800（以下1800）を採用しているのだが、ＡＷＳはこの

1800という最高レベルをクラウドで実現したのだ。

NIST SP800-171への誤解

日本にとって深刻な問題は、多くのＩＴ部門が171を誤って解釈しているため、171に準拠する必要性を経営者が認識できていないことだ。

典型的な誤解は、171はISO27001（以下27001）と同じであるという〝勘違い〟だ。この勘違いをしているＩＴ担当者が「当社は既に準拠しているので問題ありません」と経営者に報告している会社が日本にはあまりにも多く、結果として日本企業は北米市場から淘汰され始めているのだ。先に挙げた日本企業も、27001には準拠していたが市場を失った。

27001はマネジメントフレームワークでしかなく、技術項目では171を30％しかカバーしていない。技術要件に関しては脆弱な状況が放置されてしまうことから、米国では27001などほとんど評価に値しないという扱いを受けている。皮肉なことに、27001を世界で最も取得しているのは日本企業だ。「171は27001と同じ」という誤解がなぜ日本企業において生じているのか、それは171の英文の作成形式に理由がある。

171はそれぞれの項目について概要文しか記載しておらず、その実現手段は53をリファーする構造になっているのだが、日本企業の多くは概要文そのものを171だと思い込んでしまっている。171の概要文だけだと27001と大差がないように見えるため誤解が生じているのだ。

誤解の一例を示してみると、27001は「パスワードを設定すべき」という行為の要求でしかないのに対し、171では「暗号化の種類と用いるべき強度まで指定」されている。両者の違いが、単なる行為と、行為の実施に際して技術要件まで定めているという点で、深さに違いがあることは明らかだ。

新興技術情報が NIST SP800-171 での管理対象に

27001と171の違いを日本企業が理解していないという現状は、今回行われた米国の輸出管理法見直しに伴い、問題をさらに深刻にしている。実はもともと米国輸出管理規則（ＥＡＲ：Export Administration Regulation）、武器国際取引規則（ＩＴＡＲ：International Traffic in Arms Regulation）に当たる技術情報は、ＣＵＩに位置付けられる構造になっている。

そのため、２０１９年に制定された米国輸出管理改革法（ＥＣＲＡ：Export Control Reform Act）により、ＡＩや量子コンピュータなどからなる14分類の新興技術情報がＥＡＲの適用対象となったことから、これらの技術情報がＣＵＩに位置付けられた。結果、企業がイノベーションとして取り組んでいるほとんどの領域の技術情報が、ＣＵＩに位置付けられたのだ。

そして、再三説明してきたように、ＣＵＩは171で管理しなければならないという構図にあるため、14分類の新興技術情報のうち、米国のＣＵＩを保有する場合は日本企業であっても、171で管理することが必要になったのだ。

なお、ＮＩＳＴに準拠するシステム構築に際しては、米大統領令１３５５６では1800シリーズのベストプラクティスとなっている情報機器からの選定を求めており、非推奨であるブラックリストに入っている製品を使えば、善管注意義務違反になる恐れが高い。

ブラックリストは、米国議会調査局のレポートにて脆弱性が指摘されているリスト、ウィキリークスにて明らかにされた機密扱いで名指しされている機器リスト、米国のＳＣを持つ人だけが見られるデータベースに掲載されているリストなど、多様なソースから読み解く必要がある。日本企業および日本人だけでは簡単には情報が得られないのが厄介だ。

ちなみに、２０１８年４月に米中経済安保調査委員会に提出されたレポート「Supply Chain Vulnerabilities from China in U.S. Federal Information and Communications Technology」によると、05年にＩＢＭのパソコン事業部を買収したレノボは、その後すぐにファイブアイズのインテリジェンス機関では利用が禁止され、06年には米国政府において機密情報の取り扱い機器から除外、16年には米空軍にて軍のネットワークから切り離す指示が出されたと報告されていた。

始動した国防総省と企業の開発連携

２０１９年11月、筆者は、ペンタゴンの建物に囲まれた五角形の空間の中心にあるカフェで国防総省高官と意見交換をした。高官によると、国防総省（ＤｏＤ）ではＩＴ企業の安全保障政策への関与を高めさせるため、サイバーセキュリティ投資の成熟度に応じて企業に点数を付けてランク分けを行い始めたという。点数によって企業を高、中、低の3つのグループに分け、それぞれに対して研究開発に有益なサイバーインシデントを提供し始めたのだ。当然、高にランクされた企業が最も有益な情報を得られる仕組みだ。

この点数を付ける際の評価は、171、53、1800への準拠度に応じている。なお、日本企業はそのグループには一社も入れていない。NISTへの準拠に対してまったく関心が高まっていないためだ。

自己宣言から認証監査への変更

また、171は、スタート当初は自己宣言という方式での運用であった。これは数百ページからなる指定されたドキュメントに171に準拠した内容を記載し、準拠したことを自ら宣言する形式である。宣言後に第三者や政府の発注部門からチェックされたりすることはない。だが、サイバー攻撃を受けて情報が漏洩するなど、問題が発生した場合は、自己宣言通りにシステムが構築されていたのかをチェックされ、宣言した内容と乖離が確認された場合は処罰を受ける形式である。

しかし、自己宣言の内容と実態が乖離していたケースが米国内で相次いだ結果、DoDは2020年秋からCMMC（Cybersecurity Maturity Model Certification）という第三者認証方式

【図表18】 米国防総省（DoD）はサイバーセキュリティリスクを厳格に管理するために、自己宣言方式の現行制度を改革し、第三者認証方式を採用したCMMC（Cybersecurity Maturity Model Certification）プログラムの運用に着手

より安全保障に密接な契約

対象契約	取得すべき認証レベル	CMMC要件	NIST SP800-171との比較
国家規模からの攻撃を受ける可能性のある物品の調達等に係る契約	CMMC成熟度レベル5	・APT攻撃を撃退可能な、最適化能力を持つレベル ・対策を標準化・最適化している	ML-4以上は、171に加えて、SP800-171Bに記載の追加要件にも準拠が必要
	CMMC成熟度レベル4	・実体を伴い、プロアクティブなサイバー活動を実施しているレベル ・活動を効果測定し、レビューしている	
CUIを取り扱う契約（ボリュームゾーンであり、多くの契約がここに該当）	CMMC成熟度レベル3	・NIST SP800-171を実施しており、良好なサイバーハイジーンを持つ ・計画により活動を管理している	SP800-171相当 171準拠率100%
レベル3を取得すべき企業に対する経過措置と予測	CMMC成熟度レベル2	・中程度のサイバーハイジーンを持つ ・ポリシーや規定を整備している	171準拠率
上記を除く全契約（間接契約を含む）	CMMC成熟度レベル1	・基本的なサイバーハイジーンを持つ	171準拠率

へと変更させる方向で動き出した。パンデミックによって運用の開始手続きが遅れているが、既に一部の企業は認証を取得し始めている。この第三者認証方式については、既にＤＨＳがＣＭＭＣの導入に注目しているとの報道も出ていることから、今後横展開されていく可能性は極めて高い。

3 個人情報の保有にもシステム改革が必要に

米国は個人データをセンシティブパーソナルデータと位置付けて、安全保障の観点から個人情報の取り扱いについての規制を強化している。米国が個人情報の取得と利用において規制づくりに反対してきたという認識はもはや過去のものだ。

ＧＡＦＡは既に、ＥＵの個人情報保護法であるＥＵ一般データ保護規則（ＧＤＰＲ：General Data Protection Regulation）への対応を完了している。さらに米国は個人情報の管理ルールとして、ＧＤＰＲよりも厳しい技術規格のプライバシーフレームワークをＮＩＳＴにて策定した。米国は個人情報を管理するベストプラクティスとしてNIST SP800-53という技術規格を推奨したのだが、これは先に述べたSP800-171よりもさらに高い技術規格である。

米国民の１・３％が、国家機密を扱う資格であるＳＣの保有者である。これはつまり、１００人の顧客データを保有すると国家機密取扱者が１人は含まれる可能性を有しているということだ。国家の機密にアクセスできる資格を持つ人々の個人情報が漏洩すれば、それを悪用して脅しを働くなどし、スパイ化させる手段に用いられるリスクを生みかねない。したがって国防権限法の下で強化されたＣＦＩＵＳは、機密情報を扱う人の個人情報の被保有可能性についても審査において厳しくチェックする方針を示した。

これに加えて現在米国では、個人情報管理を厳格化する法律の導入を、10を超える州が独自に検討している（『日本経済新聞』２０１９年10月14日付朝刊）。２０１９年10月11日には、カリフォルニア州が「カリフォルニア州消費者プライバシー法（ＣＣＰＡ：California Consumer Privacy Act）」を制定し、２０２０年1月から施行している。

ＣＣＰＡは「年間売上高が２５００万ドル超」「5万人以上のカリフォルニア州の住民の個人情報を処理」「年間売上高の50％以上を個人情報の販売で稼いでいる」の〝いずれか〟の要件を満たす企業を規制の対象にし、違反した場合は最大で被害者１人当たり７５００ドルの罰金が科せられる。

日本では、個人情報が漏洩した場合の1人当たり平均想定損害賠償額は2万９７６８円（日本ネットワークセキュリティ協会「２０１８年情報セキュリティインシデントに関する調査結果〜個人情報漏えい編（速報版）」）となっている。１人当たり７５００ドルというのは、１ドル＝１１０円で計算すると82万５０００円となり、日本の相場の約28倍にもなる。最低顧客データ数である5万人分が流出し、１件当たり７５００ドルが科せられれば、４１２億円にもなる。

環境規制もそうであるように、カリフォルニア州の州法は米国のスタンダードになる可能性が高く、他州も同様の規制を導入する可能性が極めて高いと見るべきだろう。既にカリフォルニア州よりも厳しい法律を検討している州も出てきていることから、カリフォルニア州も今後見直しを進めていく可能性が高い。

ＥＵと米国が個人情報管理について技術レベルでの規格化を定め、罰金を含めて厳格化が進むのに対し、日本の個人情報保護法は情報管理に関する技術的な要件を盛り込んだ法体系になっていない。日本の個人情報保護法に準拠していてもグローバルビジネスにおいては意味をなさない構図だ。

米国人の個人情報が漏洩した際、米国政府が妥当と判断するセキュリティ技術水準に比して低いレベルの情報システムで管理を行っていた場合、経営陣は善管注意義務違反に問われる可能性が高まっていることを、深刻に受け止める必要がある。

米欧の個人情報漏洩の制裁金を逆手に取り、制裁金による倒産もしくは財政難に追い込むことを狙ったサイバー攻撃が自社に仕掛けられることも、日本企業はリスクシナリオとして持っておくべきだ。

4　米国連邦取引委員会が問うeDiscovery

近年、米国市場で情報機器を販売する際、セキュリティ品質が高いと自ら標榜している企業に対し、米国連邦取引委員会が調査する動きが出始めている。ＦＴＣは対象企業の171や53、さらにはＩｏＴ製品の製品開発規格であるNIST SP800-160への準拠状況を評価し、これらを満たしていないと判断した製品に対しては「虚偽広告」として罰金を科し始めた。現在、既に複数の米国企業や台湾企業が虚偽広告と認定され、一部の企業が実際に罰金を科せられている。

ＮＩＳＴはベストプラクティスの策定機関であって規制機関ではないが、セキュリティ品質についてはＮＩＳＴへの準拠が米国市場では必須となるような運用になりつつある。

ＦＴＣはさらに、ＩｏＴ製品を供給する企業に対し、eDiscovery対策の実施による電子証拠の保全能力を評価し始めた。その意図は、情報機器を提供している企業が意図的にバックドアをつくっていなかったか、ゼロデイ扱いの情報が意図的にリークされていなかったか、セキュリティホールの報告を受けた後に適切な対応が取られていたか、などスパイ的行動と過失的行動の捜査が行われた際に、ログの隠蔽や捏造がされていない形での電子証拠の保全措置が実施されていたかを確認するものである。

米国は２００６年時点で、連邦民事訴訟規則にて電子証拠も証拠として取り扱えることにした。ＥＤＲＭ（The Electronic Discovery Reference Model：電子情報開示参考モデル）に従って保存された電子情報は証拠として扱えるようにしたのだ。日本企業の eDiscovery 対策率は極めて低く、同様の国内法も存在していない。この法律の制定意図が前述のような狙いを持ったものであることを理解している企業は、皆無と言っても過言ではない。

日本企業は eDiscovery を、訴訟を効率的に実施するためのツールとしてしか理解していない。今後、eDiscovery 対策を実施していない日本企業は、証拠捏造リスクのある企業として、米国では信頼を失っていきかねないと捉えて、eDiscovery 対策を検討することが必要になるだろう。

【チェックポイント】

・国防権限法２０１９、米連邦通信委員会が２０２１年6月に採択した新規則によって、北米市場でのビジネスを、または北米市場でビジネスを行っている企業のサプライヤーとして取引を維持・拡大するためには、米国が指定した中国企業5社の製品撤去が必要になる。
・米国にてＣＵＩ指定された情報と、米国人の個人情報を保有するすべての情報システムは、NIST SP800-171に準拠させる必要がある。
・ＡＩや量子コンピュータなどからなる14分類の新興技術情報は、２０１９年に制定された米国輸出管理改革法（ＥＣＲＡ）によりＥＡＲの適用対象となったことを受けて、ＣＵＩ

に位置付けられた。よって、NIST SP800-171にて取り扱うことが必須である。

・NIST SP800-171は旧来の自己宣言から、CMMCという認証制度へ移行し始めたことから、今後、全産業においてCMMCの認証を得ることが必要となる可能性が高く、早めにNIST SP800-171への移行に着手する必要がある。

・米国で組織的な悪意を持たずに開発されたセキュアな製品として広告活動をするには、eDiscoveryを導入した電子証拠の改竄が行えない管理体制の構築が不可欠となる。

あとがき

本書を書き終えたとき、米ソ冷戦とはまったく異なる前提条件が米中冷戦には存在していることに気づいた。それは、政府への世界的な信頼の低下だ。

第二次世界大戦後は、米国が中心となってマーシャルプランの下で各国政府が国民を安定した生活に導きながら、米ソ冷戦が進んでいった。各国における国民の政府への信頼は確実に今より高く、政府は頼りがいのある存在であった。

だが、今の西側諸国の自由民主主義陣営においては、国民の政府への信頼は非常に低い状況にある。そのうえ、米国においては、深刻な格差が国民間の相互不信を増幅させ、回復が困難な次元での分裂が進み始めている。

経営思想家のピーター・ドラッカーは生前、企業に対する新しい要求として、「企業こそ社会の価値と信条を形成し、個人の自由を実現し、良き社会をつくれという。このような要求がマネジメントが新しい考えを持ち行動することを不可欠にしている」（ドラッカー『エッセンシャル版 マネジメント 基本と原則』ダイヤモンド社、2001年）と論じていた。

そして社会的責任のマネジメントについて「社会的責任は回避できないことも明らかである。社会が要求しているからではない。社会が必要としているからでもない。現代社会にはマネジメント以外にリーダー的な階層が存在していないからである」（同前）と述べた。

ドラッカーの言葉は、冷戦の長期化を実現するために、企業の様々なファンクションの経営陣が主体的に新たなマネジメントの開発に取り組むことが必然であることを感じさせる。政府任せにして傍観せずに、企業だからこそ貢献できる取り組みを模索し、マネジメントに組み入れることが、米中冷戦における社会的責任の在り方ではないだろうか。

企業の成長力が失われると、社員には今のポストを守るための既得権益意識が生まれ、若い人たちにはチャンスがなくなり、新たな挑戦をリスクとみなす風土が形成されてしまう。何を考えるにも非常に狭苦しい前提条件が置かれ、創造力を持っていても、考えることが問題をより深刻に捉える機会を増やし、自分自身が不幸になってしまう。

考えないことが今の環境に不満を抱かずにいられる手段となり、考えない人々の集団と化した組織は、危機に対して能動的に反応しなくなる。なぜこんなことになるまで放置していたのか、という常識外の事態が生まれるのは、このようなメンタリティに組織全体が覆われて、打開策を打とうとする人が誰も出てこなくなってしまうためである。

ゆえに、企業に所属する人々が健全な生活を送るためにも、企業の成長が不可欠なことに疑いはない。だが、単なる成長だけでは生存領域の獲得争いに陥り、緊張が高まってしまう。倫理観が欠落した成長は、社会課題を生み出し、新たな不幸を拡大再生産させる。

米中冷戦が始まったこのタイミングで、社会課題の解決が企業にとって責任を果たすことであると同時に、イノベーションの機会にもなるということが、ＳＤＧｓという概念の浸透によって徐々に理解されはじめていたのは、不幸中の幸いなのかもしれない。自由民主主義や資本主義の再構築の必要性を問う声も、欧米諸国の研究者から数多く上がり始めているのも追い風だ。

本書では、市場の競争ルールの高度化・複雑化を持続的に行い続け、企業が成長するための資源の配分領域を多様化して成長速度を鈍化させ、寡占化が進んだタイミングで仕切り直しをし続けることを、冷戦を長期化させる大戦略と定義した。

ここでは、単位コスト当たりの売上と利益の最大化の追求から、単位売上当たりの社会課題解決量の増大に、成長の視点を転換することが本質だろう。

売上を上げ続けるために、地域を拡大し製品アイテムを増やす競争から、売上は変わらないが、社会課題解決量を拡張し続ける競争へと移り、これを新しい成長に位置付ける社会になる。製品アイテムを増やすための研究チームの新設によって新しい雇用機会がつくられるのではなく、その製品が生み出している社会課題を解決するために、新たな雇用機会が生まれる。売上は横ばいだが、社会課題の解決量が年々増え、社会課題解決に必要な単位コストの低下にイノベーションの機会を見出す。

同一製品を扱っている競合とは社会課題解決の単位コストの比較が経営力の尺度となり、解決に用いられる製品やサービスが市場化していく社会。こうした社会になると、一定の売上規模に達した段階で売上増加の追求をストップし、社会課題の解決量の増大を今後数年間は追い求めるといった、成長の多様化が果たされるだろう。

社会課題の解決量を増大させていくためには、社会課題を放置させないためのルールの高度化が不可欠である。冷戦の長期化を意図したルールの高度化・複雑化は、最初は意識的な行動が必要だが、成長の考え方が変わり、新たな企業行動として浸透すれば、抵抗感を少なく進められるのではないだろうか。

そんな期待を込めて、筆者も微力ながらこれから30年間、日々貢献していきたい。

２０２１年８月

國分 俊史

【著者紹介】

國分 俊史（こくぶん・としふみ）

多摩大学大学院教授 ルール形成戦略研究所所長、パシフィックフォーラム シニアフェロー、EY ストラテジー・アンド・コンサルティング ストラテジックインパクトリーダー パートナー、これまで自由民主党新国際秩序創造戦略本部アドバイザーほか政府のルール形成戦略や経済安全保障に関係する委員、アドバイザーを多数歴任。
IT 企業の経営企画、シンクタンク、米国系戦略ファーム A.T. カーニー プリンシパル、米国系会計ファーム ヴァイスプレジデントパートナーを経て EY に参画。
社会課題および経済安全保障政策を起点としたルール形成戦略の第一人者として通商政策の立案や政・産・官・学によるイシューエコシステムづくり、各国の経済安全保障に翻弄されない企業戦略の立案を支援。
ルール形成戦略研究所の創設者として世界各国の政府高官、インテリジェンス機関、シンクタンクとのネットワーク構築による日本のルール形成戦略力の多元化、日本の経済安全保障政策研究者の育成にも取り組んでいる。主な著書に『エコノミック・ステイトクラフト 経済安全保障の戦い』（日本経済新聞出版）、『世界市場で勝つルールメイキング戦略』（共著、朝日新聞出版）、『カーボンZERO 気候変動経営』（監修、日本経済新聞出版）、『技術覇権 米中激突の深層』（共著、日本経済新聞出版）、A.T. カーニー最強の経営シリーズ『最強の業務改革』『最強のコスト削減』（共著、東洋経済新報社）などがある。

経営戦略と経済安保リスク

二〇二一年九月十五日　一版一刷

著　者――國分俊史

発行者――白石　賢

発　行――日経ＢＰ
日本経済新聞出版本部

発　売――日経ＢＰマーケティング
〒一〇五－八三〇八
東京都港区虎ノ門四－三－一二

組　版――ＣＡＰＳ

印刷・製本――中央精版印刷

ISBN978-4-532-32426-1

Printed in Japan